NOR
WEG
EN
INSIDER-TIPP
Deine Abkürzung ins Erleben!
Reisen mit MARCO POLO Insider-Tipps

MARCO POLO TOP-HIGHLIGHTS

HOLMENKOLLEN ★ 1
Die Sprungschanze (Foto) am Stadtrand von Oslo ist eine Art Kultstätte. Der Blick von oben bringt das Umland ganz nah heran.

➤ S. 44, Der Süden

PREIKESTOLEN ★ 2
Das Felsplateau am Lysefjord ist der wohl schönste Aussichtspunkt in Westnorwegen.
Tipp: Der Andrang ist um die Mittagszeit besonders groß, Frühaufsteher werden mit einem ungestörten Ausblick belohnt.

➤ S. 63, Der Westen

BRYGGEN ★ 3
Das Speicherviertel am Hafen in Bergen ist mehr als nur Erinnerung an die hanseatische Glanzzeit.
Tipp: Das Mittelaltergefühl stellt sich am besten ein, wenn du ohne Blitz fotografierst.

➤ S. 66, Der Westen

FLÅMSBAHN ★ 4
Eine spannende Reise mit der Bahn durch das Hochgebirge bis an den Fjord.
Tipp: Auf der rechten Seite Richtung Flåm sitzen und unbedingt mal die Kamera raushalten, wenn der Zug in eine Kurve fährt.

➤ S. 72, Der Westen

GEIRANGERFJORD ★ 5
Norwegens Bilderbuchfjord solltest du auf dem Wasser oder aus großer Höhe erkunden.
Tipp: Wer zum 320 m höher gelegenen Westerås-Hof wandert, bekommt ein atemberaubendes Panorama vor die Linse.

➤ S. 75, Der Westen

NIDAROSDOM ★ 6
Norwegens Nationalheiligtum in Trondheim ist das größte mittelalterliche Bauwerk in Skandinavien.

➤ S. 84, Trøndelag

SALTSTRAUMEN 7

Beim Blick von der Brücke kann es einem schwindelig werden: Viermal täglich donnert das Wasser mit hoher Geschwindigkeit durch den Sund bei Bodø.

➤ S. 96, Nordland

ANDENES 8

Der Ort auf der Vesterålen-Insel Andøya ist umgeben von schneeweißen Stränden am Nordmeer.

Tipp: Für eine Walsafari lohnt sich ein gutes Objektiv. Schütz deine Kamera vor Salzwasser!

➤ S. 108, Lofoten & Vesterålen

ALTA MUSEUM 9

Kilometerlange Spazierwege entlang uralter Felsritzungen – Kunstwerke, die vor über 5000 Jahren begonnen wurden.

➤ S. 122, Finnmark

NORDKAP 10

Eine Sommernacht bei klarem Himmel, in der die Sonne kaum das Meer berührt, ist immer unvergesslich.

➤ S. 123, Finnmark

INHALT

TROMS
FINNMARK
LOFOTEN & VESTERÅLEN
NORDLAND
TRØNDELAG
DER WESTEN
DER SÜDEN

MARCO POLO TOP-HIGHLIGHTS

DAS BESTE ZUERST

SO TICKT NORWEGEN

ESSEN, SHOPPEN, SPORT

MARCO POLO REGIONEN

ERLEBNISTOUREN

GUT ZU WISSEN

⏲ Besuch planen
€–€€€ Preiskategorien
(*) Kostenpflichtige Telefonnummer
Essen/Trinken
Shoppen
Ausgehen

(A2) Herausnehmbare Faltkarte
(a2) Zusatzkarte auf der Faltkarte
(0) Außerhalb des Faltkartenausschnitts

BESSER PLANEN MEHR ERLEBEN!

Digitale Extras
go.marcopolo.de/app/nor

DAS BESTE ZUERST

Märchenhafter Meeresarm: der Geirangerfjord

BEST OF

BEI REGEN

SCHÖN, AUCH WENN ES REGNET

SCHLECHTWETTERVERSTECK

Süßes macht glücklich, auch nördlich des Polarkreises: Im Café *Melkebaren* in Bodø kannst du an deinem Eis schlecken, während draußen mal wieder ein Regenguss niederplätschert. Wer's lieber wärmer mag, entdeckt dort ein breites Angebot an Kaffeespezialitäten.

➤ S. 93, Nordland

PINGUINE UND KROKODILE

In Bergen lohnt es sich immer, einen Plan B zu haben. Das *Akvariet* ist aber mehr als nur eine Notlösung bei Regenwetter, denn nicht nur Pinguine und Seehunde, sondern auch Schlangen und Krokodile haben hier ein wunderschönes Zuhause gefunden.

➤ S. 67, Der Westen

UNTERM GLASDACH

Bei Regenwetter nach Hamar? Na klar: Die *Ruinen der Domkirche* werden durch eine imposante Pyramide aus Glas geschützt. Wer im Inneren Platz nimmt, wird von der Ruhe und Ausstrahlung des Orts ergriffen.

➤ S. 51, Der Süden

SCHATZ IM SILBERBERG

Hier geht's 2300 m hinein ins Berginnere: Mit der *Grubenbahn des Norwegischen Bergwerksmuseums* (Foto) fährst du in das alte Silberbergwerk von Kongsberg. Was überirdisch passiert, interessiert dann erst mal nicht mehr.

➤ S. 48, Der Süden

STÖBERN, SHOPPEN, SCHAUEN

In der *Devoldfabrikken* in Ålesund kannst du dem schlechten Wetter ein Schnippchen schlagen. Nicht nur, dass von hier die berühmten Devold-Pullover kommen, du kannst auch sonst so manches Mitbringsel finden. Und dann sind da ja noch das Café und der Blick auf die vorgelagerten Inseln …

➤ S. 75, Der Westen

BEST OF LOW-BUDGET

FÜR DEN KLEINEN GELDBEUTEL

VOGELPERSPEKTIVE
Der vielleicht spektakulärste Festlandsausblick in Norwegen ist gratis und von einer Besucherrampe möglich, die dem Absprungbereich einer Skischanze ähnelt. In 650 m Höhe gewährt der *Stegasteinen* Schwindelfreien einen unvergesslichen Blick über den Aurlandsfjord.

➤ S. 72, Der Westen

KEIN HEXENWERK
Gekostet hat es ein Vermögen – 10 Mio. Euro –, die Besichtigung ist kostenlos: Das Mahnmal *Steilneset Minnested* in Vardø, entworfen vom Schweizer Peter Zumthor, erinnert an die traurige Geschichte der Hexenverbrennungen in Nordnorwegen.

➤ S. 125, Finnmark

KURVENREICH AM MEER
Das außergewöhnlichste Bauwerk Norwegens ist die *Atlantikstraße*, die sich über Brücken und Inseln an der Küste entlangschlängelt. Rastplätze sind Angelplätze, Windböen lassen die Reisenden an Seegang glauben – und die ganze Pracht ist mautfrei.

➤ S. 77, Der Westen

MONUMENTALKUNST IM PARK
Kunstgenuss trifft auf Picknickatmosphäre: Nimm dir Zeit und betrachte die berühmten Skulpturen im *Vigelandsparken* (Foto). Die Anlage gehört zum Frognerpark, dem beliebtesten sommerlichen Treffpunkt in Oslo.

➤ S. 44, Der Süden

BLICK ÜBER DEN TELLERRAND
Wer sich nicht nur für Landschaft und Kultur, sondern auch für die Geschichte und das Leben der Nordmänner und -frauen interessiert, findet im *Perspektivet Museum* in Tromsø beeindruckende Fotodokumentationen. Hier kannst du hautnah in die verschiedenen Zeiten und Epochen eintauchen.

➤ S. 115, Troms

BEST OF

MIT KINDERN

SPANNENDES FÜR GROSS & KLEIN

FÜR WISSENSDURSTIGE

Wie funktioniert eine Ölplattform? Was hat der Golfstrom an der Küste mit den Regenwolken an Berghängen zu tun? Fragen zu Wetter, Umwelt oder Energie werden im *Vilvite-Erlebniszentrum* in Bergen beantwortet.

➤ S. 69, Der Westen

KLEINE POLARFORSCHER

Wie bereitet man sich am besten auf eine Polarexpedition vor? Dokus im Panoramaformat geben im *Polaria* in Tromsø erste Antworten. Auch ein Aquarium und Seehunde gibt es hier zu sehen.

➤ S. 115, Troms

AUF SCHATZSUCHE

Ob „Gold" schürfen, mit einer geheimnisvollen Karte auf Schatzsuche gehen oder Edelsteine aus Rohlingen brechen – ein Nachmittag im *Mineralparken* vergeht wie im Flug. Hier kommen sogar Erwachsene ins Staunen. Ein nettes Andenken für zu Hause sind die Steinfiguren, die die ganze Familie unter Anleitung und mit verschiedenen Werkzeugen herstellen kann.

➤ S. 57, Der Süden

FASZINATION MEER

Im Wissenszentrum des *Atlantikparks* in Ålesund können kleine Nachwuchsforscher alle Geheimnisse der Meere für sich entschlüsseln. Fast alle: Trotz der spannenden Erklärstationen hier ist das Leben im Meer zu 95 Prozent nach wie vor ein Mysterium.

➤ S. 75, Der Westen

EINFACH MAL ABTAUCHEN

Schwimmen im Freien ist in Norwegen ein ganz besonderes Vergnügen. Wenn es die Temperaturen erlauben, ist es im *Bø Sommarland* (Foto) in der Telemark einfach nur herrlich. Die vielen Attraktionen lassen einen schnell aus der Puste kommen!

➤ S. 55, Der Süden

NATIONALSTOLZ
Frische Birkenzweige gehören zum norwegischen *Nationalfeiertag* am 17. Mai, dem Tag des Grundgesetzes. Es trifft sich gut, wenn du dann gerade in Oslo bist: Hier wird nämlich besonders schön gefeiert, mit einem Kinderumzug am Schloss vorbei.
➤ S. 139, Feste & Events

KIRCHEN MIT HEIDNISCHEM CHARME
Stabkirchen sind wunderschöne Spuren der frühen Christianisierung – mit heidnischen Ornamenten. Auf keinen Fall verpassen sollte man die *Borgund Stavkirke* bei Lærdal am Sognefjord.
➤ S. 72, Der Westen

VON EISZEITEN GESCHAFFEN
Oben und unten, Himmel und Wasser erscheinen buchstäblich in neuem Licht: Die Fjorde sind das Bindeglied zwischen Küste und Fjell. Ein prächtiger Meeresarm erwartet dich am Lysefjord bei Stavanger, umwerfend ist der Blick vom Felsplateau *Preikestolen* (Foto).
➤ S. 63, Der Westen

IM SKISPORT GANZ OBEN
Du hast mit Skispringen so gar nichts am Hut? Macht nichts, aber die *Holmenkollen-Schanze* musst du trotzdem besuchen. Besichtige erst das Skimuseum, danach wirst du bei der phantastischen Aussicht garantiert sprachlos.
➤ S. 44, Der Süden

EPOS AM SEE
Peer Gynt, der Held in Henrik Ibsens dramatischem Gedicht, ist der Inbegriff des norwegischen Selbstbilds: Abenteuerlust stößt auf Engstirnigkeit, Phantasie auf die harte Realität. Klassiker unter den Inszenierungen sind die Aufführungen beim *Peer-Gynt-Festival* in der traumhaften Landschaft am See Gålåvatnet.
➤ S. 53, Der Süden

SO TICKT NORWEGEN

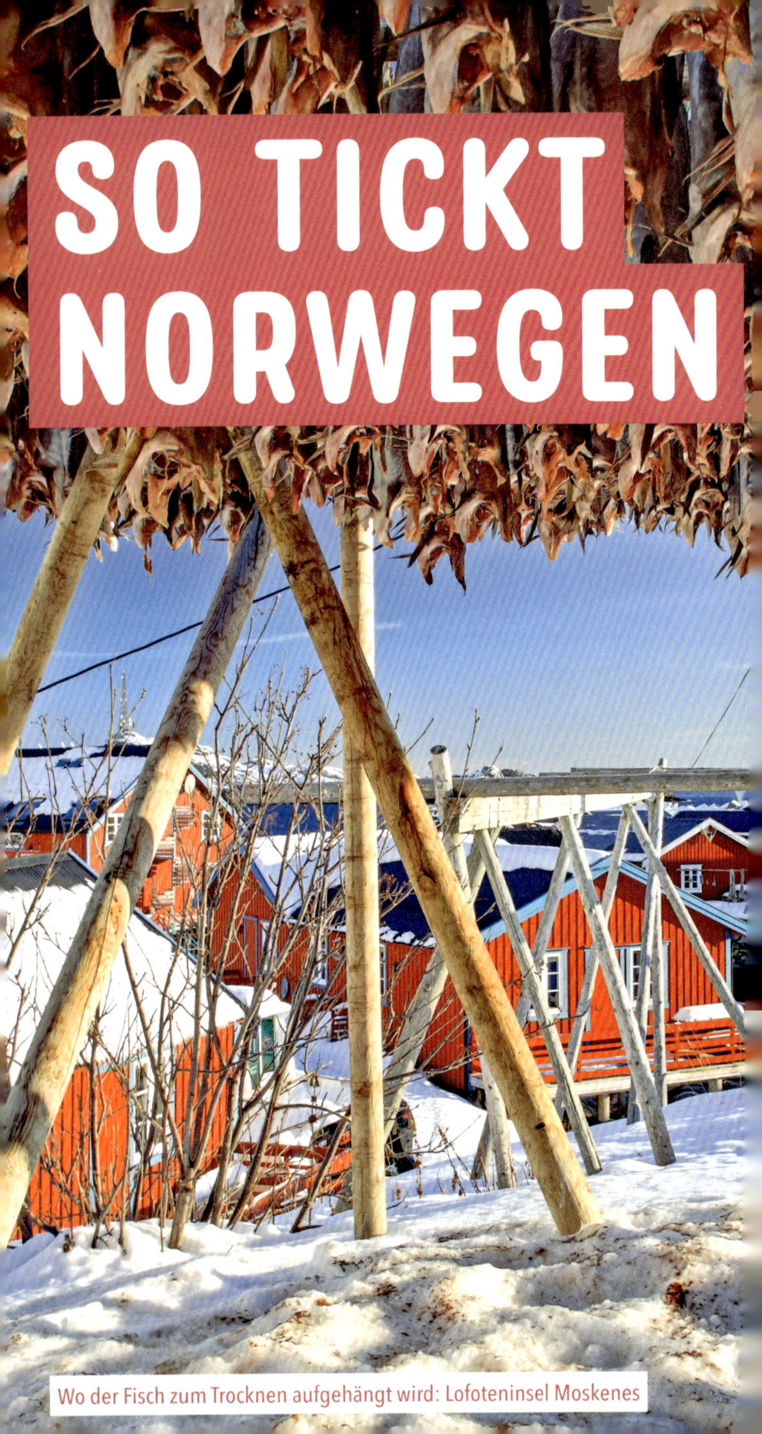

Wo der Fisch zum Trocknen aufgehängt wird: Lofoteninsel Moskenes

ENTDECKE NORWEGEN

Schöner bummeln in den Sommerabend: die Szenemeile Aker Brygge am Oslofjord

Einmal im Jahr schaut die Welt gespannt auf das Land am nördlichen Rand Europas, immer dann, wenn wieder der nächste Friedensnobelpreisträger verkündet wird. Norwegen? Da war doch was. Norweger gelten als Wachturm für die Weltgemeinschaft, weil sie gern auch mal den Finger in besondere Krisenwunden legen. Damit macht man sich nicht überall Freunde.

SYMPATHISCHE „STREBER"

Freunde muss sich dieses Land nun wirklich nicht suchen, die kommen von ganz allein. Auf vielen Listen steht Norwegen ganz oben: die geringste Korruption, die beste Lebensqualität, die fortschrittlichste Klimapolitik – die „Streber" zeigen dem Rest der Welt: Seht her, so geht das. Dazu kommt, dass sie auch noch eine sympathische Königsfamilie haben und norwegische Frauen Karriere machen, während

- **793–1066 n. Chr.** Wikingerzeit
- **um 1250** Die Hanse richtet Niederlassungen ein und beutet das Land aus
- **1397–1905** Kalmarer Union (Dänemark, Schweden, Norwegen), ab 1814 Union mit Schweden
- **1905** Unabhängigkeit Norwegens, Verabschiedung des Grundgesetzes in Eidsvoll (17. Mai)
- **1940–45** Besetzung Norwegens durch die deutsche Wehrmacht
- **Mitte der 1960er-Jahre** Erster großer Ölfund in der Nordsee

ihre Männer Kinderwagen schieben und Rotz von der Babybacke putzen.

WOHLSTAND DANK ÖLBOOM

Der Ölboom macht es möglich, dass Unmengen von Geld auf eine tief verwurzelte sozialdemokratische Grundeinstellung treffen, die sich auch im *Janteloven* wiederfindet, jener Überzeugung, dass der eine nicht besser ist als der andere. Die Einnahmen aus dem Öl- und Gasgeschäft (Norwegen ist weltweit fünftgrößter Ölexporteur und in Europa zweitgrößter Gasexporteur) sorgen für volle Staatskassen, der Staat ist praktisch schuldenfrei. Eine seiner Jahrhundertaufgaben ist die Erschließung dieses weitläufigen Landes. Beim Breitband klappt dies bereits wunderbar, selbst auf dem entlegensten Fjell gibt's Handyempfang. Bei der Infrastruktur dauert das Projekt etwas länger: Von Fredrikstad bis Kirkenes werden Straßen und Schienen ausgebaut, Brücken ersetzen teilweise Fähren über den Fjord. Und immer wieder bohren sich Tunnel durch die endlose Bergwelt. Im Tunnelbau sind die Norweger spitze: 1100 Tunnel zählt das Land, rund 30 davon verlaufen unter Wasser.

WILDLIFE PUR

Norwegens Touristen lieben das Land aber nicht wegen des Verkehrs, sondern gerade weil es in manchen Gegenden so aussieht, als hätte es noch nie ein Mensch zuvor betreten. Ein Paradies für Naturliebhaber mit einsamen Bergwelten und weiten Hochebenen, durch die Moschusochsen, Rentiere und Elche streifen. Seeadler, die an der zerklüfteten Küste ihre Runden drehen, und Pottwale,

1972 Erstes Nein der Norweger zu einer Mitgliedschaft in der EU

1994 Zweites EU-Nein der Norweger

22. Juli 2011 Bei einem Terroranschlag in Oslo und auf der Insel Utøya kommen 77 Menschen ums Leben. Der Täter wird zu lebenslanger Haft verurteilt

2024 Bodø wird Europäische Kulturhauptstadt

2025 Neuwagen mit Benzin- oder Dieselmotor erhalten in Norwegen keine Zulassung mehr die sich am warmen Golfstrom im Nordmeer tummeln. Im Winter wirst du vom flimmernden Nordlicht niemals genug bekommen. Wer möchte, kann hier wochenlang durch die Landschaft wandern, ohne auch nur einer Menschenseele zu begegnen. Wenn du deinen Wildlifefaktor steigern möchtest, ist es gut zu wissen, dass die norwegische Natur dich nicht verhungern lässt: In den Fjorden und Flüssen gibt es reichlich Fisch, das klare Wasser von den Bergen schmeckt köstlich und je nach Jahreszeit sind die Pilze und Beeren zahllos. Allerdings: Die Natur kann launisch sein, warme Sonnenstrahlen können plötzlich einem kräftigen Wind und Regengüssen weichen. Während der Golfstrom die Küstenregion im Winter ewig feucht hält, sinken die Temperaturen im Landesinneren schon mal bis auf 40 Grad unter null. Na und?! Norweger lassen sich durch die Witterung nicht den Spaß verderben.

INSIDER-TIPP
Durstlöscher aus der Natur

TOLERANTE GELASSENHEIT

Apropos Gelassenheit: Du beneidest die Norweger auch wegen ihrer entspannten Art, stimmt's? In einem Land, in dem man für 500 km Wegstrecke mehr als acht Stunden mit dem Auto braucht, bleibt einem auch nichts anderes übrig. Zeit ist relativ, und anstatt zu hetzen oder sich über alles und jeden zu ärgern, tut's ein Schulterzucken, und die Sache ist vergessen. Das liegt auch daran, dass Norweger das harmonische Miteinander bevorzugen. Dieses Grundbedürfnis gibt ihnen Geborgenheit und das Gefühl, in einer offenen und freien Gesellschaft zu leben. Beim Nationalfeiertag am 17. Mai werden die Erwachsenen zu unbeschwerten Kindern, und die Kinder lernen, ihrem Nationalstolz Ausdruck zu geben. Auf Musikparaden und Umzügen schmettern sie in ihrer Tracht, dem *bunad*, die Nationalhymne: *Ja, vi elsker dette landet* – ja, wir lieben dieses Land. Die Königsfamilie winkt vom Balkon, und danach gibt's Eis für alle und der Feiertag endet als Familienfest im heimischen Garten. Gefeiert wird nicht nur die Unabhängigkeit von den großen Nachbarn, sondern auch von der Europäischen Union, zu deren Mitgliedschaft man bislang zweimal dankend *nei, takk* gesagt hat. Nur ein einziges Mal erlitt dieser Nationalstolz einen Dämpfer, als der rechtsradikale Anders Behring Breivik 2011 in Oslo und auf der Insel Utøya bei einem Attentat 77 meist junge Menschen tötete. Das Land war schockiert und rückte in tiefer Trauer eng zusammen. Jens Stoltenberg, damals Ministerpräsident, später Nato-Generalsekretär, zeigte sich tief betroffen: „Wir sind ein kleines Land, aber wir sind ein stolzes Volk. Wir sind entrüstet über das, was uns getroffen hat, aber wir werden nie unsere Werte aufgeben. Unsere Antwort wird mehr Demokratie sein, mehr Offenheit und mehr Menschlichkeit. Aber nie Naivität."

Naiv sind die Norweger wirklich nicht, wohl aber stillvergnügt darüber, dass sie im Länderbingo das große Los gezogen haben mit ihrem Wohlstand, ihren Naturerlebnissen und ihrer politischen Freiheit. Tauch auch du ein und lass dich von diesem Lebensgefühl mitreißen!

AUF EINEN BLICK

5.400.000
Einwohner

Dänemark: 5.873.000

96

Smartphones
je 100 Einwohner

25.148
Küstenlänge in km

Deutschland: 2.389 km

385.203 km²
Fläche

Deutschland: 357.578 km²

HÖCHSTER BERG: GALDHØPPIGEN
2.469M

Großglockner:
3.798 m

129
WÖLFE

leben in Norwegen in freier Wildbahn. In Deutschland: 1500.

GEMELDETE ELEKTROFAHRZEUGE
480.000

Deutschland:
356.000

FISCH AUF DEM TISCH

Der durchschnittliche jährliche Lachskonsum liegt in Norwegen bei 9 kg pro Kopf, in Deutschland sind es 3 kg.

TUNNEL

Der Lærdalstunnel ist mit 24.509 m der längste Straßentunnel der Welt.

97.750 km
öffentliches Straßennetz
(Deutschland: 830.000 km)

TIEFSTER FJORD
SOGNEFJORD: 1.308 M

NORWEGEN VERSTEHEN

FETTER FANG

217 000 Euro würde jeder einzelne der derzeit 5,4 Mio. Norweger erhalten, würde man den staatlichen *pensjonsfond* direkt auszahlen. Ein nettes Gedankenspiel, das sich die norwegischen Bürger hin und wieder gern gönnen. Stattdessen aber soll dieser Fonds, in den seit 1990 alle direkten Einnahmen aus dem Öl- und Gasgeschäft fließen, den Wohlstand der nachfolgenden Generationen sichern. Denn eins steht fest: Irgendwann werden die Ölquellen versiegen und der bis dahin stärkste Wirtschaftszweig wird von anderen abgelöst werden müssen. Doch Öl hin oder her – der wahre Schatz kommt aus dem Meer. Als zweitwichtigste Wirtschaftssäule spielen Lachs, Forelle & Co. eine wichtige Rolle. Dabei setzt man schon längst nicht mehr allein auf die Natur: Kommerzielle Aquakultur stillt die Lust nach Mee(h)r.

VOLLPFOSTEN

Die ältesten Exemplare der insgesamt 28 noch erhaltenen Stabkirchen sind rund 1000 Jahre alt, doch wirklich faszinierend sind an den Gotteshäusern vor allem die vielen Wikingermotive, die sich hier finden lassen: speiende Drachen auf dem Dachfirst, Schlangen, die sich an Türpfosten entlangwinden – heidnische Unterstützung fürs Christentum. Der Zauber liegt auch in der ausgetüftelten Konstruktion: Ohne Nägel und Schrauben sitzen die Pfähle und Pfosten passgenau aufeinander, ein Steinfundament schützt das Holzwerk vor Fäulnisbefall von unten. Rußige Reste in den ansonsten recht schmucklosen Innenräumen zeugen von unzähligen Messen und Zusammenkünften. Besonders prachtvolle Stabkirchen können in Borgund (Lærdal), Heddal (Telemark) und Urnes (Sognefjord) besichtigt werden.

ROYALS HAUTNAH

Was könnte es Schöneres geben, als Kronprinz Haakon beim Schwitzen zuzusehen? Das norwegische Königshaus gibt sich gern volksnah, bodenständig und vor allem sportlich. Da leistet der Kronprinz schon mal vollen Einsatz beim harten Birkebeiner-Rennen. König Harald (mittlerweile 80) war früher leidenschaftlicher Segler. Selbstverständlich feuern die Royals auch jedes Jahr eifrig ihre Skiathleten beim Ski World Cup am Holmenkollen an. Mehr respektiert als geliebt wird Kronprinzessin Mette-Marit, früher bürgerliches Partygirl. Ihr unterstellt man einen zumindest leichten Schnöselfaktor, der sich dann verstärkt, wenn Töchterchen Ingrid Alexandra statt der Dorfschule eine exklusive Privatschule im Osloer Westen besucht, auf die sonst nur Diplomaten ihre Kinder schicken.

BUORRE BEAIVI – GUTEN TAG!

Rot, Blau, Gelb, Grün – nein, kein neues Verkehrszeichen. Wer diese Farbkombi sieht, ist dem einzigen indigenen Urvolk Europas ganz nah. Bunte Trachten *(kofta)*, Rentiere und *kohte*, die Samenhütte, verzücken Jahr für Jahr viele

Touristen. Die Folklore sorgt für sichere Einkünfte, erinnert aber auch an die jahrhundertelange Unterdrückung. Heute bewahren die Samen ihre Sprache und Kultur und treten im Sameting, dem ratgebenden Parlament in Karasjok, für ihre Rechte und Interessen ein. Hohen Gänsehautfaktor garantiert das traditionelle Joiken, jener kehlige Jodelgesang, in dem die Samen von uralten Zeiten erzählen und vom harten Leben in der kargen Natur des Nordens, ihrer Liebe zu den Rentieren und der Sehnsucht nach Anerkennung und Selbstbestimmung singen.

Nicht nur für Touristen: Die Samen bewahren ihre Kultur

VERWUNDET

22. Juli 2011: Kaum ein Datum hat sich so in das öffentliche Gedächtnis eingebrannt wie der Tag, an dem Anders Behring Breivik erst eine Bombe im Regierungsviertel von Oslo zündete und anschließend auf Utøya wahllos auf Teilnehmer eines Feriencamps schoss. 77 Menschen kamen ums Leben, und Norwegen rückte in der Trauer eng zusammen, mit Rosen in der Hand gegen Intoleranz und Fremdenhass. Es gab kaum jemanden, der nicht zumindest im weiteren Bekanntenkreis ein Opfer zu betrauern hatte. Im Juni 2022 wurde am Utøya-Kai, direkt unterhalb der E16 Richtung Oslo-Hønefoss, eine Gedenkstätte eröffnet. 77 schmale Bronzestelen stehen von nun an am Ufer und laden mit Blick auf die bekannte Silhouette der kleinen Insel zum Gedenken ein.

BALANCEAKT

Warum schaffen skandinavische Länder wie Norwegen scheinbar mühelos, worum andere seit Jahren kämpfen? Für eine ausgeglichene Work-Life-Balance braucht es vor allem die Einstellung, dass morgen auch noch ein Tag ist und man nicht nur lebt, um zu arbeiten, sondern vor allem arbeitet, um zu leben. Freizeit und Familie genießen in Norwegen einen hohen Stellenwert. Der Staat unterstützt diese Ansicht und hilft bei der Gleichbehandlung von Mann und Frau: Deshalb arbeiten beide Vollzeit (rund 38 Stunden pro Woche), können ihre (gut bezahlte) Elternzeit besser planen und ihre Kinder schon mit 18 Monaten in die Ganztagesbetreuung schicken. Selbst in den Chefetagen bemüht man sich um Gleichberechti-

Himmelskino in Kautokeino: Das Nordlicht macht einfach sprachlos

gung – Norwegen war das erste Land, das mit einer verpflichtenden Frauenquote in Aufsichtsräten auch international für Aufmerksamkeit sorgte.

LICHTSPIELE

Was zur Hölle ist das? Aha, das Nordlicht hat dich überrascht. An dieser Stelle muss gewarnt werden: Gesundheitlich ist der Blick in den Himmel äußerst bedenklich. Nackensteife und Erkältung sind mögliche Risiken, weil das Nordlicht ja nur in den kalten Monaten zwischen September und März zu sehen ist. Doch das ist jede Mühe wert! Aurora borealis, wie es in der Fachsprache heißt, kann in unterschiedlichen Formen auftreten: als grünlicher Schleier oder Spirale, wie weißliche Gardinen oder auch als lila-rötliche Blitze – wenn Sonnenpartikel in unsere Atmosphäre eintauchen, dann stehen wir Menschen klein und sprachlos vor diesem Himmelsschauspiel. Deshalb: Heißen Tee machen, dick einpacken und einfach nur genießen.

ES LEBE DER DIALEKT

Stell dir vor, deutsche Schüler müssten neben dem Fach Deutsch auch noch das Fach Dialekt erlernen. Du lachst, aber norwegischen Schülern passiert so etwas tagtäglich: Neben dem Bokmål, einer aus dem Dänischen entlehnten Schriftsprache, existiert parallel noch Nynorsk, ein Konstrukt aus mehreren Dialekten. Knirpse müssen dann lernen, dass es für „Wie geht's dir?" nicht nur *Hvordan har du det?* heißen kann (auf Bokmål), sondern auch *Korleis har du det?* (auf Nynorsk). Abgesehen davon, dass die Schüler über diesen Mehraufwand stöhnen, sind Dialekte bei Norwegern voll akzeptiert, sind sie doch Ausdruck ihrer kulturellen Identität.

A-HA-EFFEKT

Die norwegische Seele ist eine Jukebox, die in nahezu allen Genres Großartiges bereithält. „Take on me" sagt dir noch was? Dann warst du (oder bist es vielleicht noch) Fan von A-Ha, jener Boygroup der 1980er-Jahre, die treffsichere Ohrwürmer produzierte. Mittlerweile haben Madcon, Kygo oder Nico & Vinz, um nur einige zu nennen, den Olymp der Popmusik erklommen. Röyksopp steht vor allem für unkonventionellen Elektrosound, während Silje Nergaard sich als zarte Jazzsirene einen Namen gemacht hat.

LESERATTEN

Jedes Jahr zu Ostern, wenn sich die Norweger eine Woche lang zum Skifahren und Entspannen auf ihre Hütten zurückziehen, darf der neueste *påskekrim* (Osterkrimi) nicht fehlen. Autor Jo Nesbø mit seinem Osloer Kommissar Harry Hole ist ein verlässlicher Lieferant schauriger Geschichten. Dass die Norweger als lesehungrig gelten, ist nicht verwunderlich, schließlich mussten sie sich in Zeiten vor Internet und Breitband während der dunklen Zeit ja irgendwie beschäftigen. Auf der anderen Seite bringt dieses Land auch immer wieder große Schriftsteller und Dramaturgen hervor, die schonungslos das Leben und die Gesellschaft ihrer Zeit thematisieren. Für die Entwicklung des modernen Dramas in Europa gab Henrik Ibsen wichtige Impulse. Knut Hamsun pries

KLISCHEE KISTE

ALLE NORWEGER SIND INTROVERTIERT

Wer hätte das gedacht? Diese harmlosen Nordmänner (und natürlich auch -frauen) haben's faustdick hinter den Ohren. Jeder Dritte fackelt nicht lange und nutzt jede Gelegenheit zum One-Night-Stand. Mit vollem Körpereinsatz haben sich Norweger so an die Weltspitze, ähem, gearbeitet. Doch der zweifelhafte Ruhm hat auch eine Kehrseite: Bei der schnellen Nummer nimmt man's nicht so genau mit dem Schutz. „Welcome to the land of Chlamydia" betitelte 2018 die Kioskkette *7-Eleven* sogar selbstironisch eine Werbekampagne.

NIE OHNE STRICKPULLI

Hartnäckig hält sich das Gerücht, Norweger kämen nicht nur mit Skiern an den Beinen, sondern auch mit einem Pullover im weltberühmten Schneeflockenmuster auf die Welt. Stimmt nicht ganz – richtig ist, dass sie sich gern modisch kleiden, oft sogar skandinavisch trendig. Wahr ist aber auch, dass jede(r) Norweger(in) mindestens einen der berühmten Norwegerpullis im Schrank hat und diesen bevorzugt an Festtagen, auf der Hütte oder beim Wandern trägt. Vor allem an kalten Tagen hat also das klassische Stück nichts von seiner Beliebtheit verloren.

mit „Segen der Erde" die tugendhafte Arbeit der Bauern und erhielt dafür 1920 den Literaturnobelpreis. Als derzeit wichtigster Vertreter norwegischer Literatur gilt Karl Ove Knausgård. In knapp zehn Jahren zerpflückte er seine gesamte Familienbiografie, nannte sie „Mein Kampf" und packte sie in sechs Romane. Der Hype ist immens: Allein im kleinen Norwegen verkauften sich eine halbe Million Exemplare.

GRENZGÄNGER

Vermutlich ist es eine Eigenart bei Bewohnern kleinerer Länder im Allgemeinen und den Nachfahren der Wikinger im Speziellen: Ihr Wissensdurst und die Neugier, Grenzen zu überschreiten und neue Ufer zu entdecken, ist unersättlich. Der Zoologe und Entdecker Fridtjof Nansen machte sich mit seinem Schiff *Fram* daran, den Nordpol zu erkunden. Kaum zu glauben, dass das Schiff, das heute auf der Osloer Museumsinsel Bygdøy zu besichtigen ist, mehr als drei Jahre im Packeis eingeschlossen war. Roald Amundsen gilt als erfolgreichster Polarforscher aller Zeiten, berühmt ist der Wettlauf zum Südpol, den er gegen Robert F. Scott gewann. Als aktuell letzter norwegischer Abenteurer und Entdecker schließt Thor Heyerdahl den Kreis: Mit einem selbst gebauten Floß, der *Kon-Tiki,* überquerte er 1947 den Pazifik, um zu beweisen, dass Amerika von Polynesien aus besiedelt wurde. Was jetzt noch fehlt, ist der erste norwegische Raumfahrer …

SCHIFF AHOI

Wenn du das Land gern bequem vom Deckchair aus erkundest, ist eine Schiffsreise für dich die ideale Reiseform. 2018, also noch vor der Corona-Pandemie, legten allein in Oslo 98

Bei einer Schiffstour im Geirangerfjord wird die Natur zum Fotoalbum

Kreuzfahrtschiffe an, mit insgesamt rund 200 000 Passagieren, die meisten von ihnen Deutsche. Die schönste aller Routen ist die *Hurtigruten*. Die Postschiffe, die seit 1893 zwischen Bergen und Kirkenes verkehren, befördern nicht nur Passagiere und Fahrzeuge, sondern versorgen auch heute noch die Küstenbewohner mit Waren. Im ruhigen Fahrwasser ziehen die Schiffe vorbei an der zerklüfteten Westküste und schieben sich auch tief in den Geirangerfjord hinein, vorbei am Wasserfall „Sieben Schwestern", auf den man vom Schiff aus den besten Blick hat. Über den Reisehype auf dem Wasser freuen sich nicht alle. Die *Hurtigruten*-Reederei ist nun mit gutem Beispiel vorangegangen und plante, auf ihren sieben Schiffen bis 2023 den CO_2- und Stickoxidausstoß um 25 beziehungsweise 80 Prozent zu reduzieren.

GRÜNE ZUKUNFT

Warum lassen Norweger dauernd das Licht brennen? Weil Energie immer verfügbar und noch dazu spottbillig ist. Fast 99 Prozent seiner Energie bezieht das Land aus Wasserkraft, die steilen Berghänge und der Überfluss an Wasser machen es möglich. Das macht verschwenderisch und gedankenlos, doch im Zeichen des Klimawandels denkt man mittlerweile auch hier um und hat vor allem den größten CO_2-Verursachern, den Autos, den Kampf angesagt. Seit einigen Jahren wird der „grüne Wandel" *(grønn skifte)* gezielt vorangetrieben, dabei ist man nicht selten auch Vorbild für andere Länder. Das beginnt beim Fahrverbot für Dieselfahrzeuge in Oslo und geht hin bis zum erklärten Ziel, bis 2025 nur noch abgasfreie Neuwagen zuzulassen. Die vielen Elektrofahrzeuge auf Norwegens Straßen sind allerdings eher der Sparsamkeit als dem Klimaschutz geschuldet: Besitzer von Stromern erhalten Steuervorteile und Vergünstigungen. Norweger sind halt auch nur Menschen.

HELLE NÄCHTE

Je höher du in den Norden fährst, desto länger werden im Sommer die Tage. Sobald du den Polarkreis passierst, scheint hier die Mitternachtssonne. Ihr Licht schüttelt den Biorhythmus ordentlich durch. Einige kommen mit weniger Schlaf aus als sonst und fühlen sich auch viel fitter. Andere kann das aber schon mal von der Nachtruhe abhalten. Es empfiehlt sich deshalb, eine Schlafbrille mit im Gepäck zu haben – für alle Fälle. So bekommst du auch bei Sonnenschein deine wichtige Mütze Schlaf.

SCHWARZES GOLD

Lakritze zählt zu den wahren Leidenschaften der Norweger! Es gibt sie in unzähligen Varianten, mal salzig, mal süß oder scharf. Ob als Drops, als Kaubonbon oder in einer Eisvariante – die Lust auf die schwarze Süßigkeit ist ungebrochen. Regelmäßig warnen die Gesundheitsbehörden sogar vor übermäßigem Konsum. Das schreckt jedoch keinen davon ab, kräftig in die Tüte zu langen. Obwohl man es in Norwegen sonst gern traditionell mag, ist man immer wieder auf die Neuheiten im Süßwarenregal gespannt.

ESSEN SHOPPEN SPORT

Gut gelaunt shoppen in der „Bunten Straße“ von Stavanger

BERNINA
ÅRSOPPGJØR

ESSEN & TRINKEN

Früher Walzer, heute Samba: Dank kulinarischer Einflüsse aus der ganzen Welt hat die norwegische Küche mittlerweile Fahrt aufgenommen und verpasst traditionellen Gerichten oft einen raffinierten Pfiff.

AUS ALLER WELT

Es gab mal eine Zeit, da wurde man im indischen Restaurant gefragt, ob man die Schärfe seines Gerichts norwegisch, mittel oder indisch haben wollte – „norwegisch" stand für ungewürzt. Tatsächlich liegt es noch nicht so lange zurück, da schätzte der norwegische Gaumen für unseren Geschmack eher fade Gerichte. *Pizza Grandiosa* etwa, der Wochenendklassiker, mit dickem Boden und viel Käse. Oder die traditionellen *kjøttkaker* oder *karbonader* (Frikadellen), die mit Salzkartoffeln und brauner Sauce serviert werden. Bloß keine Experimente, und vor allem: kein Knoblauch. Mittlerweile haben Norweger das Reisen für sich entdeckt und damit auf einmal einen Hauch von Exotik auf der Zunge. Neben thailändischer, vietnamesischer und indischer Küche hat vor allem Sushi einen Siegeszug im ganzen Land angetreten und begeistert die ohnehin fischverliebten Norweger. Kein Wunder, denn mit dem frischen Fisch, direkt vor der Haustür gefangen, kann gutes Sushi nur noch vom Original in Japan getoppt werden (Japan ist übrigens Hauptabnehmer für norwegischen Fisch). Statt Pizza gibt's freitags nun Tacos. Die lassen sich leicht zubereiten, sind gesund, und auch die Kinder mögen sie.

AUF DIE SCHNELLE

Alle Arten von Fertiggerichten sind in der Alltagsküche sehr beliebt – deshalb ist das Land nicht gerade durch

In der Osloer Mathallen gibt's viele Köstlichkeiten von Konserve bis Knäckebrot (Foto re.)

seine Kochkünste in aller Munde. Da mag man sich darüber wundern, dass ausgerechnet aus Norwegen einige der besten Köche der Welt kommen. Da die meisten Norweger und Norwegerinnen voll berufstätig sind, beschränkt sich aufwendiges Kochen auf Feiertage oder Besuche von Freunden. Bei jeder Gelegenheit wird dann der Grill angeheizt. Dann brutzelt dort auch schon mal ein *flintsteak,* ein überdimensionales Nackenkotelett, das an Fred Feuerstein (Flintstone) erinnert.

Ob auf dem Grill oder an der Tankstelle – *pølse* (Würstchen) gehen eigentlich immer. Sie gibt's skandinavisch im typischen Weißbrot oder in *lomper,* einem Fladen aus Kartoffelteig. Verfeinern kann man den schnellen Snack mit gerösteten Zwiebeln, Gurken oder Kartoffelsalat. Mit Krabbensalat schmeckt auch die maritime Variante.

AUF DEM FRÜHSTÜCKSTISCH

Morgens schon was Herzhaftes? Warum nicht: Eingelegter Hering *(sild)* steht bereits zum Frühstück auf dem Tisch, in pikanten Saucen mit Tomate, Sherry, Sahne oder Senf. Ein Klassiker ist auch *makrell i tomat* (Makrele in Tomatensauce) – die gelbe Konservendose von Stabbur darf ebenfalls auf keinem Frühstückstisch fehlen. Was du dort außerdem finden wirst, ist *brunost,* der braune Traditionskäse mit der malzigen Note. Zum Start in den Tag isst man ihn gern mit einer dünnen Schicht Marmelade darauf. Übrigens: Diese Leckereien kommen für gewöhnlich auch bei Wanderungen mit in die Berge.

INSIDER-TIPP
Tradition in Dosen

TRADITIONSKÜCHE

Zugegeben, traditionelle norwegische Festtagsgerichte sind nicht jeder-

Lecker zum Frühstück: der braune Käse *brunost*

manns Sache. In den Restaurants nur noch selten zu finden, kann es vor allem zur Weihnachtszeit je nach Region passieren, dass doch mal ein Schafskopf *(smalahove)* auf dem Teller liegt oder gepökelte Lammrippe *(pinnekjøtt)* dich eher an trockene Zweige als an eine Mahlzeit erinnert. Die Konsistenz von *lutefisk,* einem eingeweichten und gelaugten Stockfisch, der mit viel Bacon und Erbsenmus serviert wird, ist eher glibberig, während *rakørret,* eine wochenlang in Salzlake eingelegte Forelle, mit Zwiebeln, Rahm und Kartoffeln schon wieder ganz schmackhaft ist. Vor allem im Herbst wird gern *fårikål* serviert: Das Schaf im Kohl galt lange Zeit sogar als das Nationalgericht Nummer eins. Also ruhig mal probieren!

WA(H)LFREIHEIT

Dass der Rest der Welt (abgesehen von Japan) eher mit Kopfschütteln auf den Verzehr von Walfleisch reagiert, stört die Norweger nur wenig und bestärkt sie vielmehr noch in ihrem Nationalstolz. Raffiniert zubereitetes Carpaccio aus Walfleisch gilt als Delikatesse. Wer auf der Suche nach norwegischen Freunden ist, sollte Diskussionen über dieses Thema tunlichst vermeiden. Wer vom Walfleisch die Finger lässt, aber doch einmal etwas für unseren Gaumen Ungewöhnliches probieren möchte, sollte es mit Rentier oder Elch versuchen. Als saftige Steaks oder Burger sind sie vor allem sehr beliebt bei allen, die gern Wild essen.

IM RESTAURANT

Auswärts essen ist teuer, ein Luxus, den man sich nur gelegentlich gönnt. Die Weine sind von sehr guter Qualität, das nordische Bier kommt mit nur wenig Blume auf den Tisch. Ohne Aufpreis und Bestellung werden Brot, Butter und kaltes Leitungswasser serviert. Nach dem Essen trinken Norweger zum Abschluss gern einen Filterkaffee, den sie nahezu immer und überall zu sich nehmen. Mit einem jährlichen Pro-Kopf-Verbrauch von 10 kg ist Norwegen nach Finnland übrigens knapp Spitzenreiter im weltweiten Kaffeekonsum. War das Essen fettig, sollte unbedingt ein Linie Aquavit zur Verdauung bestellt werden. Er hat immerhin eine weite Reise über den Äquator hinter sich und sorgt im Magen für ein wohliges Gefühl.

Unsere Empfehlung heute

Vorspeisen

SPEKETALLERKEN
Auswahl von geräucherten Schinken und Würsten, serviert mit Brot und Dip

REKESMØR
Krabben und Mayonnaise mit frischem Salat auf Weißbrot

FISKESUPPE
Verschiedene Fischsorten in einer cremigen Suppe

DAMPET BLÅSKJELL
Miesmuscheln im Weißweinsud, dazu Weißbrot

Hauptgerichte

OVNSBAKT LAKS
Mit Porree, Sellerie und Möhren gefüllter Lachs, mit Salz und Knoblauchpfeffer in Folie gebacken

RØKT ELGSTEIK
Geräuchertes Elchfleisch, im Ofen geschmort, mit Wurzelgemüse, Rosenkohl, Wildsauce und Salzkartoffeln

LAMMESTEIK
Lammbraten, gewürzt mit Thymian, Rosmarin und Knoblauch

Desserts

EPLEKAKE MED IS
Warmer Apfelkuchen mit Zimt und Vanilleeis

MOLTEKREM
Mit Moltebeermarmelade verrührte Schlagsahne

TROLLKREM
Kalt gerührte Preiselbeeren mit steif geschlagenem Eiweiß

Getränke

GLØGG
Norwegischer Glühwein, mit Mandeln und Rosinen serviert

LINIE AQVAVIT
Weit gereister Kümmelschnaps

SOLBÆRTODDY
Warmer Johannisbeersaft, der bevorzugt beim Wandern und Skifahren getrunken wird

SHOPPEN & STÖBERN

Von Holzspielzeug bis Skijacke: In Norwegen werden alle fündig, die auf der Suche nach dem Besonderen sind.

DURCHDACHTES DESIGN

Norwegische Produktdesigner überzeugen mit pfiffigen Ideen. Einen guten Überblick über modischen Krimskrams findest du bei *Purnorsk* in Oslo oder im Netz. Wie wäre es mit einer Bohrinsel aus Holzbausteinen für die Kleinsten? Oder einer als Sprechblase geformten Lampe von *Northern Lighting?* Keine Lust aufs Schleppen? Ein Käsehobel aus Stahl oder Silber mit hübsch verziertem Griff ist eine urnorwegische Erfindung und findet immer einen Platz im Koffer.

INSIDER-TIPP
Wo gehobelt wird …

STYLISHES FÜR REGENTAGE

Aus dem regenerprobten Bergen kommen immer wieder nützliche Allwetterklamotten. So etwa auch die *Swims,* Schuhüberzieher aus Gummi – sehr beliebt bei Businessleuten, die ihre feinen Lederschuhe vor dem nächsten Schauer schützen wollen. Richtig schick sind die Regenmäntel von *Norwegian Rain,* die man am liebsten auch bei Sonnenschein tragen würde.

SCHICKE STÜCKE

Schon seit Jahren Kult sind die Klamotten von *Moods of Norway,* der Marke mit dem pinkfarbenen Traktor. Weniger bekannt, aber dafür schräg und urban sind die Kleider der Osloer Designer von *Tulip & Tatamo.* Fashionista Kronprinzessin Mette-Marit steht auf Mode des jungen Labels *FWSS (Fall Winter Spring Summer).*

FANG AUS DEM KÜHLREGAL

Für diese Delikatessen wird man dich zu Hause lieben: Guten Räucherlachs

Da wünschst du dir richtig kaltes Wetter: Strickpullover (Foto li.) sind ein schönes Souvenir

erkennst du an der dunkleren Farbe, er ist trockener und riecht stärker nach Rauch als weniger hochwertige Ware. Grundsätzlich gilt: Weniger Salz heißt mehr Geschmack. Probier daher möglichst vor dem Kauf. Auch eingeschweißte Ware aus dem Supermarkt kann von guter Qualität sein, aber achte auch hier auf die Farbe. Erinnert an die raue Küste: Kaviar aus der Tube schmeckt lecker als Brotaufstrich. Die Kuh mit der Augenklappe, Logo von *Den blinde Ku,* ist Kult und ein Geheimtipp unter Käseliebhabern.

FÜR AKTIVE

Hohe Qualität und lebenslangen Spaß versprechen Outdoorartikel und -kleidung: Die norwegische Witterung war hier der Stresstest. Urgestein *Bergans* steht seit 1908 vor allem für die gute Qualität von Rucksäcken und Zelten. *Kari Traa,* ehemaliger Skistar, macht universelle Sportswear für Frauen. *Helly Hansen* ist vor allem Seglern ein Begriff. *Odlo* produziert modische Skiunterwäsche, in der man auch mal überrascht werden kann. Das gilt auch für *Norrøna:* Die grellbunten Skijacken und -hosen des Trendlabels sind ein Hingucker auf jeder Piste.

MASCHENPROBE

Ein Norweger muss mit als Souvenir? Versuch's erst mal mit einem Pullover. Zeitlose Strickwaren in höchster Qualität findest du bei *Dale of Norway* oder *Devold.* Echt öko und vielseitig sind die Strickwaren von *Janus* und *Ulvang. Nøstebarn* verkauft kuschelige Kinderklamotten aus unbehandelter Wolle. Besonders schön sind die farbenfrohen Stücke von *Oleana* aus Bergen – die Vorlagen für die verspielten Muster aus Rosen, Blättern und Ranken stammen von Bemalungen alter Fischerboote.

SPORT

Norwegen zieht immer mehr Menschen an, die extreme Herausforderungen suchen. Das Land hält aber auch unzählige Angebote für alle bereit, die einfach nur aktiv sein wollen.

Küste und Fjorde, phantastische Flussläufe und Seen in allen Höhenlagen sind Tummelplätze von Wassersportfans, die Berge bieten Entdeckungen für Wanderer und Kletterer. Und natürlich nimmt der Wintersport einen besonderen Platz ein!

ANGELN

Norwegen ist ein Paradies für Angler, die unendliche Küste lockt vor allem Meeresfischer. Auf jeder bewohnten Insel und in jedem Küstendorf gibt es Quartiere, die sich auf Petrijünger spezialisiert haben. Das Angeln in Meer und Fjord ist frei, für die Sportfischerei in Flüssen und Seen wird meist ein Erlaubnisschein vom Pächter benötigt (nähere Auskünfte bei den Touristeninformationen). Für das Angeln auf Lachs und Meerforelle musst du zudem eine Fischereiabgabe *(fiskeravgift | 286 NOK)* entrichten, was du vorab im Internet erledigen kannst *(fiskeravgift.miljodirektoratet.no)*. Achte auf die Ausfuhrbestimmungen (s. Infos in der Rubrik „Zoll" auf S. 138).

EXTREMSPORT

Eisklettern in Hemsedal, Raften im reißenden Trysilelva, Wracktauchen im Vestland, Tourenskiwandern über die Hardangervidda – die norwegische Natur bietet im Sommer wie im Winter unzählige Möglichkeiten, sich mal wieder so richtig auszupowern und an seine körperlichen Grenzen zu gehen. Auch Anfänger können sich hier gefahrlos ausprobieren, erfahrene Sportler stehen dir jederzeit zur Seite und sorgen dafür, dass der Spaßfaktor nicht zu kurz kommt.

Eisiges Abenteuer: Seekanutour am Gletscher Jostedalsbreen

Fortgeschrittene sollten sich beim *Birkebeiner (birkebeiner.no)* mit anderen Adrenalinjunkies messen. Ob beim Langlaufen (54 km), beim Radrennen (100 km) oder im Geländelauf (21 km) – hier treibt alle das gleiche Ziel: Pulsbeschleunigung in Norwegens rauer Natur und ihrem unberechenbaren Wetter.

Den Kick an der Eiswand kannst du dir überall im Land holen, von Alta bis Setesdalen. In *Rjukan (in der Saison 9–16.30 Uhr | Anmeldung unter Tel. 35 08 05 50 | en.visitrjukan.com/iceclimbing)* bekommst du neben der Ausrüstung auch einen Guide an die Seite gestellt, weshalb auch Anfänger hier gut in die Eisen steigen können.

GOLFEN

Nur wahre Golfenthusiasten nehmen ihre Schläger nach Norwegen mit. Hier lockt sie vor allem die Möglichkeit, einmal auf außergewöhnlichen Plätzen zu spielen. *Meland* bei Bergen gilt als besonders anspruchsvoll. Sehr attraktiv ist natürlich der nördlichste Platz der Welt, der *Tromsø Golf Park (tromsogolf.com).* Landschaftlich kaum zu toppen ist *Lofoten Golfbane (lofoten-golf.no),* der direkt am offenen Meer liegt. Hier kann man im Sommer noch nachts im Licht der Mitternachtssonne auf dem Green stehen. *Norges Golfforbund (Tel. 21 02 91 50 | golfforbundet.no)*

RADFAHREN

Norwegen mit dem Fahrrad entdecken: Direkt an den schönsten Radstrecken oder auch an Flughäfen *(Fly & Bike)* gibt es viele Fahrradverleihe. Bequemer geht's mit E-Bikes, in *Hammerfest (firmapost@gagama.no)* etwa für geführte Touren zu mieten. Der *Rallarvegen* zwischen Oslo und Bergen führt durch die raue Hardangervidda und gilt als anspruchsvoll. Für Kinder eher geeignet ist die Region *Jæren* mit Start in *Stavanger.* In *Andenes* an der Nordspitze der Vesterålen beginnt eine 450 km lange Radwanderstrecke bis nach *Å*, dem südlichsten Punkt der Lofoten. Geländebiker können sich im *Hafjell Bikepark (hafjell.no)* Rad und Ausrüstung ausleihen. Alle Radwanderrouten mit handlichem Guide findest du auf *cycletourer.co.uk.*

SEGELN & RAFTEN

Die gesamte Südküste von Oslo bis Egersund ist ein bevorzugtes Segelrevier, hier herrscht in den Häfen oftmals Gedränge. Gleichzeitig findest du immer eine windstille Bucht, in der du vor Anker gehen kannst. Nach Norden hin sind die Häfen geschützter, und es gibt mehr Platz.

Weitaus norwegischer sind Kanu oder Kajak: Das Angebot reicht von Wanderungen an der Küste und in die Fjorde über Ausflüge von See zu See (mit Zelt und festen Schuhen im Gepäck) bis zu Wildwasserkursen auf einem der Flüsse, die vom Hochgebirge ost- oder westwärts fließen. Hier gilt der *Sjoa*, ein Nebenfluss des Lågen im oberen Gudbrandsdalen, als erste Adresse. Die Touren sind halb-, ein- oder zweitägig angelegt, Infos gibt's bei *Sjoa Rafting (Nedre Heidal | Tel. 90 07 10 00 | sjoarafting.no).*

INSIDER-TIPP Eiskalt paddeln

Bei einer Kajaktour auf einem der Gletscherseen am *Jostedalsbreen* lässt dich das arktische Ambiente an absolute Freiheit und Entdeckergeist denken (organisiert von *Icetroll | Breheimsenteret Jostedal | Tel. 97 01 43 70 | icetroll.com).*

SKISPORT

Wo so viel Platz ist, gibt's auch viele Loipen. Sie beginnen an der Haus- oder Hüttentür, sind oft mit Flutlicht ausgeleuchtet und können auf Dutzende von Kilometern ausgedehnt werden. Schnee ist garantiert – zumindest östlich der Fjorde und von Nordland bis zum Nordkap – von November bis April.

Auch Alpinsportler haben Norwegen für sich entdeckt – sie können aus einer Handvoll erstklassiger Destinationen wählen: *Trysilfjellet (skistar.com/trysil)* nahe der schwedischen Grenze ist ein ausgezeichnetes Skiresort für Familien, ebenso die Olympiastadt *Lillehammer.* In *Geilo (geilo.no),* auf halber Strecke zwischen Oslo und Bergen, hast du die beste Kombinaton aus Alpinsport und Langlauf. Junge Skifans, die auch gern Offpiste fahren, reisen nach *Stranda (strandafjellet.no)* nahe Ålesund oder nach *Hemsedal (hemsedal.com).*

TAUCHEN

Mit der richtigen Ausrüstung ist Tauchen in den Fjorden und entlang der Küste ein unvergessliches Erlebnis, das immer mehr Tauchfans begeistert. Außergewöhnlich ist der Tauchgang im weltweit stärksten Gezeitenstrom, dem *Saltstraumen* bei Bodø. Als schaurig-schön gilt auch das Wracktauchen zum 1940 versenkten Schiff *Frankenwald* im Sognefjord. Und natürlich bieten Korallenbänke und zahlreiche Fische, Krabben und Hummer wie etwa in *Hottane* (Møre og Romsdal) einiges zum Gucken. Wer sich ein bisschen gruseln möchte, kann sich am *Tysfjord* zum Nachttauchen wagen und vielleicht mit ein bisschen Glück dort auf Orkas treffen.

WANDERN & KLETTERN

Weite und Abgeschiedenheit findest du in Norwegen überall: Berge und Hochebenen wie auch Inseln an der Küste locken mit gut markierten Wegen und einfachen bis komfortablen Hütten.

Bevorzugte Reviere der Rucksackwanderer sind die Nationalparks *Saltfjellet-Svartisen* und *Øvre Pasvik* in Nordnorwegen, *Bjørgefjell* und *Dovrefjell-Sunndalsfjella* in Mittelnorwegen, *Jotunheimen* und *Rondane* in Südnorwegen – und natürlich die *Hardangervidda*. Die Hütten liegen drei- bis achtstündige Touren voneinander entfernt. Umfassende Infos gibt's beim norwegischen Wanderverein *DNT (Oslo | Tel. 40 00 18 70 | dnt.no)*, fast alle DNT-Wanderrouten werden unter *ut.no* kurz beschrieben.

Beim *DNT* erhalten auch Bergsteiger, Kletterer & Co. alle wichtigen Informationen. Beliebt sind die anspruchsvollen Gipfel im Westen von *Jotunheimen* und um den Gletscher *Jostedalsbreen* herum. Dort werden, wie auch auf dem Gletscher *Folgefonna (Jondal | Tel. 95 11 77 92 | folgefonni.no)* nahe dem Hardangerfjord, im Sommer Gletscherwanderungen mit erfahrenen Bergführern angeboten. In der westlichen Region Nordfjord ist *Nordfjord Aktiv (Tel. 90 08 91 70 | nordfjordaktiv.no)* eine sehr gute Adresse (auch Mountainbiketouren). Die lokalen Gebirgssportclubs erreichst du über die Touristeninformationen.

Karger Fels und viel frische Luft im Nationalpark Jotunheimen

DIE REGIONEN IM ÜBERBLICK

Hammerfest
Varangerfjorden
FINNMARK S. 118
Inarijärvi
Am Leben der samischen Ureinwohner teilhaben
Tromsø
Narvik
TROMS S. 110
Das „Ende der Welt“ mit arktischer Luft auf den Lippen erforschen
Storavan
SVERIGE
FINLAND
Selkämeri
Bottenhavet
Ladožskoe ozero
Coole Lässigkeit im Spannungsfeld zwischen Stadt und Land erleben
EESTI
Čudskoe ozero
LATVIJA

DER SÜDEN

NATÜRLICH URBAN – URBAN, NATÜRLICH!

Hippe Großstädter und spannende Architektur einerseits, menschenleere Landstriche mit spektakulären Ausblicken auf Fjorde, Küste und einsame Wälder andererseits – im Süden stecken die beiden Aspekte, die den typischen Charakter Norwegens ausmachen: Modernität und Ursprünglichkeit.

Der Landstrich an der Südküste prägt auch seine Bewohner: Sie sind cool, naturverbunden und traditionell, aber bei alldem nicht überdreht, sondern einfach nur geerdet. Kein Wunder, denn in jeder

Viel Himmel und viel frische Luft: Norwegens Hochgebirge Jotunheimen

freien Minute zieht es sie hinaus in das atemberaubende Umland ihrer Städte und Ortschaften. Dann werden – je nach Jahreszeit und Witterung – Wanderrucksack, Ski oder Badezeug eingepackt, um an einsamen Bergseen Ruhe zu finden, an reißenden Flüssen die Angel nach Lachsforellen auszuwerfen oder an südseeähnlichen Sandstränden bei 20 Grad Wassertemperatur in die Wellen des Skagerraks zu tauchen. Der Süden ist ideal für alle, die zwar entschleunigen, aber auf quirliges Stadtleben nicht verzichten wollen.

DER SÜDEN

MARCO POLO HIGHLIGHTS

★ **MUNCHMUSEET**
Das Topmuseum in Oslo verneigt sich vor nur einem einzigen Künstler ➤ S. 42

★ **OPERAHUSET**
Einmal auf das Dach der Oper in Oslo zu steigen ist ein Muss ➤ S. 42

★ **ASTRUP FEARNLEY MUSEET**
Architektur und Ausstellungen in der Hauptstadt – beides ist Spitzenklasse ➤ S. 44

★ **VIGELANDSPARKEN**
200 Skulpturen laden im Herzen von Oslo zum kreativen Fotoshooting ➤ S. 44

★ **HOLMENKOLLEN**
Der unverstellte Hauptstadtblick vom Schanzenturm ist spektakulär ➤ S. 44

★ **HEDDAL STAVKIRKE**
Die mittelalterliche Stabkirche ist noch gut in Schuss ➤ S. 48

★ **RISØR**
Landratten und Seebären schwärmen von dieser Idylle im Süden ➤ S. 57

E06
11 Rondane-Nationalpark
10 Peer Gynt Vegen
Aulestad 9
8 Hunderfossen Eventyrpark
Lillehammer
S. 50
170 km, 2 ½ Std.
7 Hamar
5 Bjørneparken
E06
Holmenkollen
Oslo
S. 42
Vigelandsparken
90 km, 1 Std.
Astrup Fearnley Museet
Operahuset
Munchmuseet
3 Kongsberg
1 Drøbak
4 Heddal Stavkirke
E18
SVERIGE
Fredrikstad
S. 49
E18
2 Tjøme
Vesterøy
6 Hvaler
320 km, 4 Std.
Skagerrak
Dalsland
Vänern
14 Risør
Orust
Tjörn
50 km
31.07 mi

OSLO

(📖 D16) **Kleine Hauptstadt mit riesigem Umland: Vom Fuß des Oslofjords zieht sich Norwegens Metropole (680 000 Ew.) an den bewaldeten Hängen der Nordmarka hinauf.**

Unter König Håkon V. (1299–1319) wurde Oslo erstmals Residenz von Norwegen. Vom 14. Jh. bis Anfang des 19. Jhs., als Norwegen zu Dänemark gehörte, hieß die Stadt Christiania und geriet in den Schatten von Kopenhagen, Bergen und Trondheim. Erst Ende des 19. Jhs. blühte sie wieder auf, 1925 erhielt sie ihren alten Namen wieder.

Das historische Oslo nahe der Festung Akershus solltest du unbedingt besichtigen. Auf jeden Fall auch im „Bürgerviertel" in der Nähe des Frognerparken und im multikulturellen Stadtteil Grønland östlich des Hauptbahnhofs vorbeischauen! Oslos Flaniermeile Karl Johans gate erstreckt sich vom Bahnhof bis zum Königlichen Schloss – der Schlossplatz gehört zu den schönsten Aussichtspunkten der Stadt. Mit dem *Oslo-Pass (24 Std. 445 NOK, 48 Std. 665 NOK, 72 Std. 820 NOK | visitoslo.com)* kann man in Oslo gratis mit Bus und Bahn fahren und die meisten Sehenswürdigkeiten besuchen.

Ausführliche Informationen findest du im MARCO POLO Reiseführer „Oslo".

WOHIN ZUERST?

Operahuset *(📖 f5)*: Der perfekte Startpunkt für einen Oslo-Bummel ist die Oper, die zwischen Fjord und Hauptbahnhof liegt. Am besten steuerst du eins der Parkhäuser in der Nähe des Bahnhofs an, spazierst zur Oper rüber und verschaffst dir vom begehbaren Dach aus erst mal einen Überblick.

SIGHTSEEING

MUNCHMUSEET ★

Das Gebäude mit dem Knick ist wie eine Verneigung vor Norwegens großem Maler Edvard Munch. Es ist weltweit das einzige Museum dieser Größe, das für nur einen Künstler errichtet wurde. Auf 13 Etagen verteilen sich rund 1100 Gemälde, 15 500 Grafiken und 4700 Zeichnungen, außerdem Cafés, Restaurants, Konzertsäle und Künstlerwerkstätten. Munchs weltberühmter „Schrei", der hier natürlich auch zu sehen ist, hat allerdings Konkurrenz: den atemberaubenden Blick von der *Skybar* im 13. Stock. *Mo–Mi 10–18, Do–So 10–21 Uhr | Eintritt 160 NOK, Do 18–21 Uhr frei | Munchbrygge | munchmuseet.no |* ⏲ *2 Std. | 📖 f6*

OPERAHUSET ★

Das preisgekrönte Opernhaus an der Bucht Bjørvika ist das Wahrzeichen von Oslo: weißer Marmor, viel Glas, prachtvolle Innenräume und, bei gutem und bei schlechtem Wetter ein tolles Erlebnis, ein begehbares Dach mit Rundumblick. *Führungen auf Deutsch Sa 14 Uhr, auf Englisch Mo–*

Sa 13, So 14 Uhr | Eintritt 120 NOK | operaen.no | ⏲ 1 Std. | 🕮 f5

AKERSHUS FESTNING OG SLOTT

Auf einer Landzunge im Oslofjord liegt eines der wichtigsten mittelalterlichen Bauwerke Norwegens. 1319–80 war Akershus Festung, zu Beginn des 17. Jhs. ließ König Christian IV. sie in ein Schloss umbauen. Dies wird heute für Staatsempfänge genutzt, während die Festungsanlage Treff von Sonnenanbetern ist. *Festungsanlage tgl. 6–21 Uhr, Eintritt frei | Schloss Mai–Aug. Mo–Sa 10–16, So 12–16, sonst Sa/So 12–17 Uhr, Eintritt 100 NOK | facebook.com/akershusslott | ⏲ 45 Min. | 🕮 d–e 5–6*

RÅDHUSET

Wie ein mächtiges Tor steht das 1930–55 aus rotem Backstein erbaute Rathaus mit seinen zwei Türmen zwischen Hafen und Innenstadt. Im Inneren sind eindrucksvolle Monumentalmalereien, u. a. von Edvard Munch, zu sehen. *Tgl. 9–16 Uhr | Eintritt frei | ⏲ 45 Min. | 🕮 d4*

NASJONALMUSEET

Mit dem Nationalmuseum, das direkt an das Nobel Peace Center am Rathausplatz grenzt, steht Oslo ein riesiger Kunsttempel zur Verfügung: In über 80 Ausstellungsräumen und auf 10 000 m² verteilt werden dort über 6500 Objekte gezeigt, darunter Gemälde, Skulpturen, Designobjekte und Installationen – eine neue Begegnungsstätte für die Hauptstadt. *Di–So 10–21 Uhr | Eintritt 180 NOK | Brynjulf Bulls plass 3 | nasjonalmuseet.no | 2 Std. | d4*

ASTRUP FEARNLEY MUSEET ★

Architektonisches Meisterwerk direkt am Fjord: Werke von Damien Hirst, Andy Warhol, Jeff Koons und Anselm Kiefer gehören zu den Exponaten des Museums auf der Landzunge Tjuvholmen. Schon der Bummel zwischen den von Renzo Piano entworfenen und mit einem „Segel" überdachten Bauten aus Glas und Stahl ist ein Erlebnis, und auch die wechselnden Ausstellungen sind von hervorragender Qualität. *Di–Fr 12–17 (Do bis 19), Sa/So 11–17 Uhr | Eintritt 150 NOK | Strandpromenaden 2 | afmuseet.no | 2 Std. | c5*

IBSENMUSEET

„Nur was verloren ist, ist für immer geliebt" – dies ist eines von 69 Zitaten, die den täglichen Spazierweg Henrik Ibsens säumen, des berühmtesten Schriftstellers Norwegens. Er gilt als Begründer des modernen Dramas und einer der wichtigsten Vertreter des Realismus. Bis heute ist er einer der weltweit meistgespielten Autoren. Die Zitatstraße beginnt an seiner Wohnung in der Arbins gate, wo sich heute das *Ibsentheater (bei Redaktionsschluss dieses Reiseführers wegen Umbauarbeiten bis auf Weiteres geschl.)* befindet. *Henrik Ibsens gate 26 | ibsenmt.no | c4*

VIGELANDSPARKEN ★

Die Anlage mit rund 200 Skulpturen des Bildhauers Gustav Vigeland ist ein Teil des riesigen Frognerparken – ein beliebter Treffpunkt besonders im Sommer. Auf der steinernen Allee, die zum 17 m hohen *Monolitten* hinaufführt, sollte man sich Zeit lassen und die Figuren, die den Zyklus des Lebens beschreiben, auf sich wirken lassen. Von oben hast du einen tollen Blick über den Park und den Stadtteil Frogner bis zur Stadtmitte. *Rund um die Uhr geöffnet | Eintritt frei | Haupteingang Kirkeveien | vigeland.museum.no | 1 Std. | a1–2*

HOLMENKOLLEN ★

Das Mekka des norwegischen Skisports wird von der topmodernen Großschanze überragt. Die Aussicht auf die Stadt, den Fjord und die Wälder der Umgebung ist überwältigend. Wenn du schon hier bist, solltest du auch das *Skimuseum (Mai–Sept. tgl. 10–17, sonst 10–16 Uhr | Eintritt 160 NOK)* besuchen. *holmenkollen.com | 8 km nordwestlich der Stadtmitte | T-Bane Linie 1 ab Bahnhof Majorstuen | 1 Std. | 0*

MUSEUMSINSEL BYGDØY

Ideales Ziel für erste Eindrücke aus Norwegens Geschichte und Kultur. Im *Fram-Museet (Juni–Aug. tgl. 10–18 Uhr, sonst kürzer | Eintritt 140 NOK | frammuseum.no)* dreht sich alles um den Dreimaster *Fram* (Vorwärts) von 1892, mit dem Fridtjof Nansen, Otto Sverdrup und Roald Amundsen Kurs auf Arktis und Antarktis nahmen. Im *Kon-Tiki-Museum (Juni–Aug. tgl. 10–*

Spitzenmäßig: die Architektur des Astrup Fearnley Museet

18 Uhr, sonst kürzer | Eintritt 140 NOK | kon-tiki.no) sind das Floß *Kon-Tiki*, das Papyrusboot *Ra II* und das Modell der *Tigris* zu sehen: Wasserfahrzeuge des Forschers und Abenteurers Thor Heyerdahl. *Gjøa*, die Yacht, mit der Roald Amundsen 1903–05 den Norden Amerikas umsegelte, gehört zur Sammlung des *Norsk Maritimt Museum (Mitte Mai–Sept. tgl. 10–17 Uhr, sonst kürzer | Eintritt 140 NOK | marmuseum.no)*. Das *Vikingskipshuset* ist wegen Umbauarbeiten bis 2026 geschlossen. Im *Norsk Folkemuseum (Mai–Sept. tgl. 10–17 Uhr, sonst kürzer | Eintritt 180 NOK | norskfolkemuseum.no)* zeigen 170 wiederaufgebaute Häuser Leben und Wohnen über die Jahrhunderte. Der älteste Bau ist die Stabkirche von Gol (um 1200). *3 Std. | a6*

ESSEN & TRINKEN

THE BROKER

In dieser Kneipe gibt es die besten Hamburger der Stadt und gut gezapftes Bier. *Bogstadveien 27 | Onlinereservierung | thebroker.no | € | c1*

CAFÉ LAUNDROMAT

Jetzt noch die Füße auf den Tisch, und das heimelige Gefühl wäre perfekt. Praktisch: Während du vorn deinen *Lucky Bastard* (keine Angst, nur ein Burger) genießt, schleudert hinten im Waschsalon deine Schmutzwäsche. Frühstück gibt's bis 17 Uhr. Direkt an der Uni, mit Wohnzimmeratmosphäre. *Underhaugsveien 2 | Tel. 21 38 36 29 | laundromat.no | €€ | d2*

INSIDER-TIPP
Fast wie bei Mama

SMALHANS

Familiäre Atmosphäre, schon das Konzept verrät die Zielgruppe. Der Lunch (bis 16 Uhr) wird an der Bar bestellt, ab 18 Uhr kannst du dein Menü am Tisch selbst zusammenstellen, dazwischen gibt es die Hausmannskost des Tages. *Ullevålsveien 43 | Tel. 22696000 | smalhans.no | €€€ |* *e2*

SHOPPEN

KARL JOHANS GATE

Beim Bummel durch die Fußgängerzone triffst du auf ein Who's who internationaler Marken. Entspannter geht es bei *Steen & Strøm (Nedre Slottsgate/quer zur Karl Johans gate)* und im *Paleet (Karl Johans gate 37)* zu. *d–e4*

MATHALLEN

Ein Gourmettempel mit Bioprodukten vor allem aus Norwegen – von Meeresdelikatessen bis zu Wurst und Käse –, mit kleinen Ständen und Läden, Restaurants, Bistros und Snackbars. *Mo geschl. | Vulkan 5 |* *f2*

SPORT & SPASS

Raus aus der Stadt und nach kurzer Zeit eintauchen in die raue Wildnis der *Nordmarka (0)*: Der Wald, die Berge und die zahlreichen kleinen Seen im Naherholungsgebiet sind bei Wind und Wetter ein beliebtes Ausflugsziel der Osloer. Am Holmenkollen-Skizentrum erstreckt sich das 2600 km lange Loipennetz für (Ski-)Wanderungen mit Übernachtungen in Hütten, auch für kürzere Ausflüge.

Hauptstadtflair zwischen Bahnhof und Schloss: Oslos Flaniermeile Karl Johans gate

AUSGEHEN & FEIERN

AKU-AKU TIKI BAR

INSIDER-TIPP **Aloha!**

Hier kannst du leckere Cocktails trinken und auch Hulatänzerinnen bei ihrer Show zuschauen. *Thorvald Meyers gate 32 | akuaku.no | f2*

HERR NILSEN

Bei den täglichen Konzertangeboten ist für Jazzfreunde immer was dabei – einfach vorbeischauen und sich überraschen lassen. *C. J. Hambros Plass 5 | herrnilsen.no | e4*

LEKTER'N

Was könnte es Schöneres geben, als den Spaziergang über die Bummelmeile Aker Brygge bei einem Gin Tonic auf dem Barboot direkt am Wasser ausklingen zu lassen? Einfach ausprobieren, der Sonnenuntergang hier ist spektakulär. *Stranden 3 | lektern.no | c5*

WELLNESS

THE WELL

Die stylishe Spa-Oase bietet alles für einen Rundum-Wohlfühltag. Womit

INSIDER-TIPP **Relaxen im Wald**

willst du deinen Körper zuerst verwöhnen? Tropische oder japanische Sauna? Hamam oder Wasserfallgrotte? Hier willst du nie wieder weg – versprochen! *Kongeveien 65 | Sofiemyr | 15 km/25 Min. mit dem öffentlichen Bus ab Oslo S bis Haltestelle Granholtet | Tel. 48 04 48 88 | thewell.no | 0*

RUND UM OSLO

1 DRØBAK

36 km / 30 Min. von Oslo (per Bus Linie 500 ab Oslo Bussterminalen)

Lust auf Weihnachtsstimmung? Dann auf nach Drøbak! Im wunderschön erhaltenen Ortskern wählst du zwischen Cafes und zahlreichen Shops mit Kunsthandwerk. Im

INSIDER-TIPP **Alle Jahre wieder**

Tregaarden's Julehus (Havnebakken 6 | julehus.no) direkt am Marktplatz kannst du das ganze Jahr über Weihnachtsdeko kaufen. Im *Guri Malla Is og Spiseri (Torget 3 | facebook.com/gurimallaisogkaffe.no)* bekommt man schon vom Anblick der Sandwichkreationen Hunger. *C17*

2 TJØME

124 km / 1 Std. 40 Min. von Oslo (per Auto über E 18)

Auf die schlanke, durch eine Brücke mit dem Festland verbundene Insel, die sich auf der Westseite des Oslofjords ins Skagerrak streckt, fahren vor allem Sonnenhungrige und Gourmets. In einem prachtvollen Naturpark liegt das renommierte Gasthaus *Engø Gård (Gamle Engø vei 25 | Tel. 33 39 00 48 | engo.no | €€€)*. Beim Erkunden der Insel erreichst du auch irgendwann *Verdens Ende*, das Ende der Welt. Die Südspitze ist an dem Wippfeuer von 1932 leicht zu erkennen. Der mächtige Felsen, auf dem das Leuchtfeuer ruht, ist an Sommerabenden der perfekte Ort zum Händchenhalten. *D-E17*

Warum nicht auf einen (Zeit-)Sprung in Fredrikstad vorbeischauen?

3 KONGSBERG

86 km / 1 ½ Std. von Oslo (per Auto über E 18 und E 134)

Die Bergbaustadt (27 000 Ew.) wurde 1624 gegründet, nachdem man hier auf Silbervorkommen gestoßen war. 1770 hatte die Stadt fast 10 000 Einwohner; 4000 davon arbeiteten in den Silbergruben, darunter viele Bergleute aus Sachsen und dem Harz. Ein besonderes Erlebnis ist die 2,3 km lange Fahrt mit der *Grubenbahn des Norwegischen Bergwerksmuseums (Mitte Mai–Mitte Aug. tgl. mehrere Abfahrten | 250 NOK | norskbergverksmuseum.no)*, an die sich eine einstündige Führung durch die Grubengänge anschließt. *C16*

4 HEDDAL STAVKIRKE ★

122 km / 2 Std. von Oslo (per Auto über E 18 und E 134)

Die größte Stabkirche Norwegens liegt direkt an der E 134 nahe Notodden. Sie wurde um 1200 erbaut, ist dreischiffig und zeichnet sich durch die vielen sich überlappenden Dächer und die kunstvoll geschnitzten Portale mit Tierornamentik aus. Der Innenraum ist reich dekoriert, u. a. mit feinen Rosenmalereien. *Juni–Aug. Mo–Sa 10–17, So nach dem Gottesdienst ab 12.15 Uhr | Eintritt 90 NOK | heddalstavkirke.no | 45 Min. | C17*

5 BJØRNEPARKEN

120 km / 2 Std. von Oslo (per Auto über E 16)

Durch Wälder und an Seen geht es vorbei ins Landesinnere: In einem schön angelegten Naturgehege siehst du Bären, Elche und viele andere Tiere in ihrer fast schon heimischen Umgebung. *Anfang April–Okt. tgl. 10–16 Uhr | Eintritt ab 18. Juni Erwachsene 459 NOK, Kinder 419 NOK, sonst 399 bzw. 369 NOK | bjorneparken.no | 2 ½ Std. | C16*

FREDRIKSTAD

(🕮 D17) **Einmal hin, nie wieder weg: An Norwegens Südzipfel, 40 km vor der schwedischen Grenze, fühlt man sich im idyllischen Fredrikstad wie auf einer Zeitreise.** Alles sieht so hübsch und historisch aus, dass man nur ungern ins Hier und Jetzt zurück möchte. Die ehemalige Garnisonsstadt (84 000 Ew.) gilt als touristischer Geheimtipp, und auch das Umland hat einiges zu bieten: Von Nordosten fließt Norwegens längster Fluss, die Glomma, vorbei und mündet kurz hinter der Stadt in den Oslofjord.

SIGHTSEEING

FREDRIKSTAD DOMKIRKE

Idealerweise müsstest du diese neugotische Kirche von 1880 bei Nacht besichtigen, das Besondere ist am Tag nämlich nicht zu erkennen: In ihrem Turm befindet sich ein Leuchtfeuer, das noch in Betrieb ist. Wer's doch eher tagsüber schafft, sollte einen Blick ins Innere werfen, vor allem auf die Glasmalereien von Emanuel Vigeland. *Mo–Fr 10–14 Uhr | Nygaardsgata 6 | ⏲ 20 Min.*

GAMLEBYEN (FESTUNG MIT ALTSTADT)

Seit ihrer Gründung 1567 hat die Altstadt nur wenig von ihrem Charme eingebüßt. Nimm dir Zeit für einen Bummel durch die zahlreichen Galerien und Geschäfte mit Kunsthandwerk. Kleine Restaurants und Cafés, wie das *Café Magenta* in der Bastion 5, servieren dazu z. B. das traditionelle Räucherlachsbrot mit Rührei.

FREDRIKSTAD MUSEUM

Ist das hier noch Museum, oder bin ich schon in der Bar? Das neue Museumskonzept *Bar 1567* lässt die Frage bewusst unbeantwortet und macht es damit besonders spannend. Mit Musik, Theater oder Tanz wirst du mitgenommen auf eine Erlebnisreise durch Fredrikstads Geschichte und lernst so die Stadt auf ganz andere Art kennen. *Juni–Sept. tgl. 11–16 Uhr, sonst kürzer | Eintritt 90 NOK | Tøihusgaten 41 | ostfoldmuseene.no | ⏲ 1 Std.*

ESSEN & TRINKEN

MAJOREN STUE & KRO

Reise in die Garnisonszeit: Der urige *Majorens viltburger* passt perfekt zum historischen Ambiente. *Voldportgaten 73 | Tel. 69 32 15 55 | majoren.no | €€€*

MORMORS CAFÉ

In diesem gemütlichen Caférestaurant in der Altstadt werden Biozutaten auch nach Wunsch der Gäste zusammengestellt. Das saftige Brot ist Grundlage vieler Leckereien, z. B. beim Roastbeefsandwich mit Trüffel-Aioli und Parmesan. *Raadhusgaten 18A | Tel. 69 32 16 60 | mormorscafe.com | €€*

SHOPPEN

GLASSHYTTA

Ein Hauch von Afrika: Der kenianische Künstler Abel Sawe schafft Dekoratives aus Glas – bunt und ein bisschen schräg. *Torsnesveien 1 | fredrikstadoghvaler.no/glasshytta*

RUND UM FREDRIKSTAD

6 HVALER

22 km/30 Min. von Fredrikstad (per Auto über Fylkesvei 108)

Inselhopping! Die Kommune Hvaler besteht aus 833 Inseln, Holmen und Schären. Landratten können diese Bilderbuchgegend am besten bei einer *Tour mit der Hvaler-Fähre (70 NOK | Tel. 90 85 71 21 | ostfold-kollektiv.no)* entdecken, die gleich mehrere schöne Strände anfährt, u.a. auch *Kirkeøy* am südlichen Zipfel. Start ist im Hauptort *Skjærhalden*. Im *Café Oline (Juli/Aug. tgl. ab 12 Uhr | Søndre Sandøy | Tel. 48 32 66 66)* sitzt du idyllisch wie in Omas Garten, mit Blick aufs Meer und frischen Krabben auf dem Teller. *D17*

INSIDER-TIPP
Gartenidylle an der Küste

LILLE-HAMMER

(D15) **Du willst dich einmal wie ein Skispringer der Olympischen Spiele von 1994 fühlen?**

Dann ist in Lillehammer (28 000 Ew.) die Skisprunganlage *Lysgårdsbakken (Juni–Aug. tgl. 11–18 Uhr, sonst kürzer | Eintritt 25 NOK | Birkebeinervegen 122 | olympiaparken.no)* dein erster Anlaufpunkt. Hoch oben vom Sprungturm erwartet dich ein sagenhafter Panoramablick auf die Stadt und zum Mjøsa-See, dem größten Binnensee in Norwegen. Die 936 Treppenstufen sind nichts für dich? Dann geht's mit dem Sessellift *(60 NOK)* bequem rauf und runter.

SIGHTSEEING

NORGES OLYMPISKE MUSEUM

Hier dreht sich alles um Norwegens Nationalsport Nr. 1. Wenn du diese Leidenschaft fürs Skifahren teilst, lass dich vom Geist der legendären Olympischen Winterspiele von 1952 und 1994 verzaubern. Jubelnde Mengen, strahlende Sieger – die Multimediainstallationen ziehen auch dich sicher schnell in den Bann. *Juni–Aug. tgl. 10–17, sonst Di–So 11–16 Uhr | Eintritt 140 NOK | Maihaugvegen 1 | ol.museum.no | 1 Std.*

MAIHAUGEN

Lillehammer ist das Tor zum Gudbrandsdalen. In mehr als 170 Gebäuden wird hier die Bauernkultur des Tals, aber auch Handwerk aus ganz Norwegen lebendig. In vielen Werkstätten wird gearbeitet. Wechselnde Ausstellungen. Kinder ab sechs Jahren können auf einem Balanceparcours ihren Gleichgewichtssinn üben. *Juni–Aug. tgl. 10–17 Uhr, sonst kürzer | Eintritt 140 NOK, Kinder und Jugendliche (6–25 Jahre) 65 NOK | Maihaugvegen 1 | maihaugen.no | 2 ½ Std.*

INSIDER-TIPP
Gratwanderung für die Kleinen

ESSEN & TRINKEN

DET LILLE PANNEKAKEHUS

Süß mit Blaubeeren und Eis, herzhaft mit Bacon und Käse … Fans von Pfannkuchen und niederländischen *poffertjes* werden hier garantiert schwach. *Storgata 50*

INSIDER-TIPP
Mmmmh …

NIKKERS RESTAURANT & BAR

Räucherlachs auf Brot, Elchburger oder Miesmuscheln – hier werden traditionelle norwegische Gerichte modern interpretiert. Im Sommer kannst du auf der Terrasse direkt am Fluss Mesna sitzen. *Elvegata 18 | Tel. 61 24 74 30 | nikkers.no | €€*

SHOPPEN

JANUS FABRIKKBUTIKK

Traditionelle Skiunterwäsche von Janus kommt aus Espeland bei Bergen, dies ist einer von vier Fabrikläden. Die kuschelige Wäsche ist so typisch norwegisch, dass man sich gern ein Teil mit nach Hause nimmt. *Storgata 45*

Freilichtmuseum Maihaugen: So war es früher im Gudbrandsdalen

RUND UM LILLE-HAMMER

7 HAMAR

60 km / 1 Std. von Lillehammer (per Auto über E 6)

Es regnet, und ausgerechnet heute steht Hamar (32 000 Ew.) auf dem Programm? Nix wie hin! Die *Ruinen der Domkirche* und der teils ausgegrabene *Bischofshof* werden von einer gigantischen Glaspyramide geschützt und lassen dich im Trockenen den Zeugnissen des einstigen geistlichen Zentrums nachspüren. Für die 65 Gebäude im benachbarten *Freilichtmuseum Hedmark,* spätestens aber für ein Picknick am Ufer des wunderhübschen Mjøsa-Sees wünschst du dir dann wieder besseres Wetter. Bestimmt. *Ende Juni–Mitte Aug. tgl. 10–17 Uhr, sonst kürzer | Eintritt Ruinen und Museum 140 NOK | Strandvegen 100 | domkirkeodden.no | 1 Std. (für Ruinen und Museum) | D15*

8 HUNDERFOSSEN EVENTYRPARK

16 km / 20 Min. von Lillehammer (per Auto über E 6)

In diesem Erlebnispark ist ein 14 m hoher Troll zu Hause, es gibt u. a. ein Märchenschloss, ein Wachsfigurenkabinett, Autobahnen und eine Badeanlage. Informativ ist das Energiezentrum, hier dreht sich das meiste um die Stromgewinnung aus Wasserkraft. *Mitte Juni–Mitte Aug. tgl. 10–18, sonst 10–17 Uhr | Eintritt ab 411 NOK, Kinder (90–119 cm Körpergröße) ab 359 NOK | Onlinetickets sorgen für einen entspannten Besuch | Fossekrovegen 22 | Fåberg | hunderfossen.no | 3 Std. | D15*

9 AULESTAD

18 km / 20 Min. von Lillehammer (per Auto über Fylkesvei 255)

Blaubeerpfannkuchen waren die Leibspeise des norwegischen Nationaldichters Bjørnstjerne Bjørnson. Allein wegen des Postkartenidylls solltest du einen Abstecher zu seinem Landsitz machen: Im liebevoll erhaltenen Wohnhaus ist die Zeit um 1875 stehen geblieben, den leckeren Pfannkuchen gibt's im Café *Drengestua* (Knechtstube). *Juni–Aug. tgl. 10–17 Uhr, sonst kürzer | Eintritt 140 NOK | Aulestadvegen 6–14 | Follebu | aulestad.no | 1 ½ Std. | D15*

Zurück zur Natur: Im Rondane-Nationalpark kann man endlos wandern

10 PEER GYNT VEGEN

45 km / 45 Min. von Lillehammer nach Skeikampen (per Auto über E 6)

Die prachtvolle Gebirgsstraße führt mehr als 60 km bis zu 1000 m bergan. Man sollte immer mal wieder einen Stopp einlegen, um den Panoramablick auf die Berge von Jotunheimen, Rondane und Dovrefjell zu genießen. Noch bis weit in den Herbst hinein kannst du hier Elche beobachten (geführte Safari in *Gålå*), Lachsforellen angeln, stundenlang durch die Gegend wandern und an der *Fagerhøy-Alm (fagerhoi.no)* eine Pause machen. Toll auch für Radfahrer! Vor der traumhaften Kulisse des Sees Gålåvatnet findet jedes Jahr ab Anfang August das *Peer-Gynt-Festival (Eintritt ab 745 NOK | peergynt.no)* statt, nach dem Schauspiel von Henrik Ibsen und der Musik von Edvard Grieg. *Einfache Strecke 150 NOK Mautgebühr | peergyntvegen.no | C-D 14–15*

11 RONDANE-NATIONALPARK

120 km / 1 Std. 40 Min. von Lillehammer bis Mysuseter Servicesenter (per Auto über E 6)

Back to nature ist hier Programm, und so sind in dem 964 km² großen Nationalpark auch Wohnmobilreisende willkommen. Wer nach Süden einen kleinen Umweg über die E3 in Kauf nimmt, wird am Rastplatz *Bjøråa* mit der größten Elchskulptur der Welt belohnt: Mit 10 m Höhe soll sie Autofahrer wieder wachrütteln. Das Gebiet, das sich mit den höchsten Bergen Norwegens über Gudbrandsdalen, Dovrefjell, Jotunheimen und Rondane erstreckt, ist ein Paradies für Freizeitsportler: Wandern, Fischen, Raften und im Winter Skiwandern – nur beim Beobachten von Tieren kannst du mal verschnaufen. Deine schmerzenden Muskeln werden bei einer Massage im Spa des *Rondane Høyfjellshotell (Abzweigung von der E6 bei Otta | Tel. 61 20 90 90 | rondane.no)* weich geknetet. *nasjonalparkriket.no | C-D14*

JOTUNHEIMEN

(C14) **Jotunheimen, die „Heimat der Riesen" – so die wörtliche Übersetzung – ist Norwegens einziges Hochgebirge und ein beliebtes Ziel für Wanderer, Bergsteiger und Skiläufer.**

Hier liegen die Zweitausender dicht an dicht, und viele davon tragen eine Gletscherkappe. Doch sogar der Galdhøpiggen, mit 2469 m der höchste Berg Norwegens und ganz Skandinaviens, kann noch von Kindern bestiegen werden.

SIGHTSEEING

NORSK FJELLSENTER

Ideal für Tourentipps. Nebenan im Museum erfährst du, wie die karge Gegend mit ihren strengen Wintern und kurzen Sommern die Lebensweise der Bewohner prägte. *Mitte Mai–Ende Juni und Mitte Aug.–Mitte Okt. Mo–Fr 10–16, Ende Juni–Mitte Aug. 9–19 Uhr | Eintritt 130 NOK | Brubakken 2 | Lom | norskfjellsenter.no | 45 Min.*

GALDHØPIGGEN

Gipfelstürmer vor! Auch Kinder und Hunde können hier zeigen, was sie draufhaben. Einzige Voraussetzungen sind wetterfeste Kleidung bzw. ein Hund, der auch mal Sturm und Schneeregen aushält, denn das Wetter kann hier schnell umschlagen. Für die 15 km brauchst du mit der geführten Tour *(Mai–Okt. tgl. ab 10 Uhr | 380 NOK | Start ab Juvasshytta)* sechs bis sieben Stunden hin und zurück.

KLIMAPARK 2469

INSIDER-TIPP
Eisiges Vergnügen

Niemand wird dich auslachen, im Gegenteil: Wenn du im August hier Handschuhe und Mütze trägst, bist du bestens gerüstet fürs ewige Eis. Die geführte Tour startet mit einer Wanderung durch den Klimapark und geht dann weiter durch einen 400 m langen Eistunnel tief unter den Berg Galdhøpiggen. In der Eishöhle kannst du Pfeil und Bogen, Fallen und Werkzeuge der ersten Menschen bestaunen und den Klimaveränderungen der vergangenen 6000 Jahre nachspüren. *Führungen (am besten online buchen) Mitte Juni–Ende Aug. 10.30–14 Uhr ab Berghütte Juvasshytta | 375 NOK (Eintritt ins Norsk Fjellsenter inklusive) | klimapark2469.no | 2 ½ Std.*

SOGNEFJELLSVEI

Die Straße 55 von Lom nach Skjolden ist eine gestaltete Landschaftsroute und führt durch eisige Höhen. Rastplätze in über 1400 m Höhe, Gletscherzungen, Wanderwege und Angelplätze links und rechts der Straße machen die Fahrt zu einer erlebnisreichen Begegnung mit der Bergwelt. *short.travel/nor16*

ESSEN & TRINKEN

BAKERIET I LOM

Meisterkoch Morten Schakenda sattelte zum Bäcker um und eröffnete am Wasserfall Prestefossen in Lom diese Bäckerei mit Slowfoodcafé – ein Genuss für alle Sinne sind vor allem die Zimtkringel. *bakerietilom.no*

INSIDER-TIPP
Vom Duft verführen lassen

TELEMARK

(B–C 16–17) **Die Telemark gilt als Wiege des Skisports, doch auch im Sommer können Naturfans hier viel erleben.**

Ob zu Fuß oder mit dem Fahrrad – die einsamen Seen, dichten Wälder und die verschlungenen Pfade geben dir unzählige Gründe, unter freiem Himmel zu bleiben. Ganz gemächlich kannst du die Telemark an Bord der alten Dampfschiffe *Victoria* und *Henrik Ibsen (Fahrpreis Skien–Dalen 1200 NOK, Rückfahrt halber Preis, Fahrrad 200 NOK | Tel. 40 92 00 00 | telemarkskanalen.no)* erkunden, die morgens in *Skien* an der Südküste ablegen und abends in *Dalen* mitten in der Telemark festmachen. Kommst du mit dem Fahrrad? Dann fahr unbedingt am Ufer des Telemarkkanals wieder zurück – Adrenalinkick pur. Für die rund 120 km lange Strecke solltest du zwei Tage einplanen.

SIGHTSEEING

RJUKAN

Eingeklemmt zwischen Felsmassiven liegt der Ort (3300 Ew.), der in der Zeit der Wende zum 20. Jh. einen enormen industriellen Aufschwung erlebte. Eine Tageswanderung zum Tafelberg *Gaustatoppen* (1883 m) wird mit einem Panoramablick über große Teile Südnorwegens belohnt. Rjukan wurde 2013 berühmt, als hoch über dem Ort drei riesige Sonnenspiegel errichtet wurden: Zuvor lag das Städtchen von Oktober bis März im Schatten der Berge, doch nun erreichen die Sonnenstrahlen auch im Winter den Marktplatz. *visitrjukan.com*

SPORT & SPASS

BØ SOMMARLAND

Nordeuropas größter Wasserfunpark: Nicht nur Kinder können sich auf der riesigen Berg-und-Tal-Bahn, einer gigantischen Halfpipe und einer künstlichen Surfwelle austoben. Besonders im Hochsommer lässt sich hier leicht ein ganzer Tag verbringen. *Mitte Juni–Mitte Aug. tgl. 10–18 Uhr | Eintritt 389 NOK, Kinder (95–140 cm Körpergröße) 359 NOK | Steintjønnvegen 2 | Bø i Telemark | sommarland.no |* *C17*

KRISTIANSAND

(B18) **Luftiges Sommerkleid und kurze Hosen? In Norwegen? Klar! Wenn nicht hier, wo sonst?**

Die Hafenstadt (86 000 Ew.) gilt als wärmster Flecken des Landes, weiße Sandstrände und optimale Segelwinde zwischen den vorgelagerten Schären machen das Relaxfeeling perfekt. Die Freizeitangebote für Familien, Sonnenhungrige und Wassersportler sind dank des wunderschönen Schärengartens am Skagerrak vielfältig. Kein Wunder, dass auch die Royals

Wer ins Grüne will, macht eine Tagestour mit dem Dampfschiff durch die Telemark

hier ein Sommerhaus besitzen. Die rechtwinklige Anordnung der Straßen geht auf den dänisch-norwegischen König Christian IV. zurück, der Kristiansand 1641 auf einer sandigen Landzunge anlegen ließ.

SIGHTSEEING

SØRLANDETS KUNSTMUSEUM

Die Ausstellungen in den modernen, hellen Räumen zeigen lokale Kunst der vergangenen 300 Jahre, teils realistische Gemälde, die vom harten Leben ihrer Schöpfer berichten. Im Café kannst du außerdem noch den Blick nach draußen genießen. *Do–So 11–17 Uhr | Eintritt 120 NOK, Tickets im Webshop 110 NOK | Skippergata 24B | skmu.no | 1 Std.*

KRISTIANSAND MUSEUM

Freilichtmuseum mit insgesamt 40 historischen Gebäuden. Zu sehen ist neben Werkstätten und einem Krämerladen auch eine Miniaturstadt, in der du dich urplötzlich wie Gulliver fühlst. *Mitte Juni–Mitte Aug. tgl. 11–16 Uhr, sonst kürzer | Eintritt 110 NOK | Vigeveien 22B | vestagdermuseet.no | 1 Std.*

ESSEN & TRINKEN

BAKGÅRDEN BAR & RESTAURANT

Einheimische lieben die pfiffigen Menükreationen. Später geht's in die Bar mit den besten Cocktails der Stadt. Tipp: Mit der „Schlipsknotengarantie" kannst du alle Cocktails auch alkoholfrei bestellen. *Tollbodgata 5A | Tel. 38 02 12 11 | bakgardenbar.no | €€–€€€*

SHOPPEN

Im rechtwinklig angeordneten Stadtzentrum *Kvadraturen* liegen Geschäfte, Cafés und Restaurants dicht an dicht. Bei *Hansen & Co (Skippergata 14 | hansenco.no)* gibt es skandinavisches Interieur, von funktional bis einfach nur … meins! Shoppingpause mit einem perfekten Latte macchiato: im winzigen Café *Cuba Life (Tollbodgata 6)*.

STRÄNDE

Die typischen Badeplätze sind kleine, von Uferfelsen umgebene Sandoasen. Größere Sandstrände sind die *Bertnesbucht* (3 km östlich) und *Hamresanden* (11 km östlich), der wie *Bystranda* in Kristiansand und *Skotteviga* bei Lillesand (31 km östlich) zu den saubersten Stränden Südnorwegens zählt.

RUND UM KRISTIANSAND

12 KAP LINDESNES

82 km / 1 ½ Std. von Kristiansand (per Auto über E 39)

Auf einer kleinen Anhöhe steht der 1915 errichtete Leuchtturm des norwegischen „Südkaps". Das in den Fels gesprengte *Leuchtturmmuseum (im Sommer tgl. 9–20, sonst 10–17 Uhr geöffnet | Eintritt 80 NOK | lindesnesfyr.*

In Kristiansand genießt du die sonnige Seite Norwegens

INSIDER-TIPP
Unterm Leuchtturm

no) ist sehenswert. Wenn du mit dem Wohnmobil unterwegs bist, kannst du hier für 100 NOK pro Nacht übernachten. Nur rund 10 km zurück in Richtung Kristiansand geht's auf Tauchstation im *Under (Bålyveien 48 | Lindesnes | under.no | Buchung: exploretock.com/under | €€),* Norwegens erstem Unterwasserrestaurant in spektakulärer Snøhetta-Architektur. Die Zutaten für die ausgefallene Speisekarte liegen direkt vor dem riesigen Panoramafenster. Wer oben bleiben möchte, sollte sich die Website nicht entgehen lassen. *B18*

13 MINERALPARKEN

60 km / 1 Std. von Kristiansand (per Auto über Riksvei 9)

Steine? Gibt's hier natürlich auch zu sehen. Viel spannender ist allerdings das Drumherum: Anfassen, schürfen, bearbeiten – Kinder haben hier ihren großen Spaß. Außerdem bietet der Park neben Kanufahren, Rutschen und Klettern noch vieles mehr für einen Familienausflug. *Ende Juni–Mitte Aug. tgl. 10–18 Uhr | Eintritt 259 NOK, Kinder (3–13 Jahre) 279 NOK | Mineralvegen 1 | Hornnes | an der Straße 9 | mineralparken.no | 2 Std. | B18*

14 RISØR ★

110 km / 1 ½ Std. von Kristiansand (per Auto über E 18)

Die „weiße Stadt am Skagerrak" (6900 Ew.) mit ihren wunderschönen Holzhausvierteln und Patrizierhäusern an der Hafenpromenade ist Treffpunkt der Holzbootfans (Festival Anfang August). Vom 1880 erbauten *Brandturm (Trappegata 5 | olasteen.no)* aus hat man nicht nur einen schönen Rundumblick über Ort und Fjord, sondern kann dort auch die Werke des Lokalkünstlers Ola Steen betrachten. *risor.no | C17–18*

DER WESTEN

IN DER HAND DES REGENGOTTS

Was du für die Reise ins Fjordland mitbringen musst? Zeit. Und davon gern reichlich. Hier gibt's nämlich einiges zu entdecken: tiefe Schluchten, unbewohnte Küsten, endlose Strecken, auf denen man ewig unterwegs zu sein scheint, und überall mächtige Wasserfälle.

Apropos Wasser: Der Regengott fühlt sich anscheinend im Westen besonders wohl und zeigt sein Können zu jeder Tages- und Jahreszeit. Sich davon die Laune verderben lassen? Nicht die Vestländer!

Gewaltig schön: der Geirangerfjord mit dem Wasserfall „Sieben Schwestern"

Der Spruch „Es gibt kein schlechtes Wetter, sondern nur falsche Kleidung" muss wohl hier entstanden sein.
Wenn sich dann aber die Sonne zeigt und die Temperaturen sanft ansteigen, werden Schären, Fjorde und Berge in weiches Licht getaucht. Da müssen Museen, Cafés und Shops mit ihren kreativen Angeboten warten. Jetzt nichts wie raus und die Natur beim Wandern, Raften oder Angeln genießen. Bis zum nächsten Regenguss – dann zeigt sich, ob auch du zum echten Vestländer taugst.

DER WESTEN

MARCO POLO HIGHLIGHTS

★ **PREIKESTOLEN**
Kleines Felsplateau am schnurgeraden Lysefjord – zum Abheben schön ➤ S. 63

★ **HARDANGERVIDDA**
Größte Hochebene Europas und ultimatives Wandererlebnis zu jeder Jahreszeit ➤ S. 65

★ **VØRINGFOSSEN**
Rauschender Wasserfall mitten im Herzen von Westnorwegen ➤ S. 65

★ **BRYGGEN**
Flanieren zwischen Holzhäusern im alten Hanseviertel von Bergen ➤ S. 66

★ **BORGUND STAVKIRKE**
Das Schmuckstück unter den norwegischen Stabkirchen ➤ S. 72

★ **FLÅMSBAHN**
Aufregende Fahrt durch steile Gebirgslandschaften ➤ S. 72

★ **GEIRANGERFJORD**
Westnorwegen wie aus dem Bilderbuch ➤ S. 75

★ **RUNDE**
Brutkolonie für Hunderttausende von Vögeln ➤ S. 76

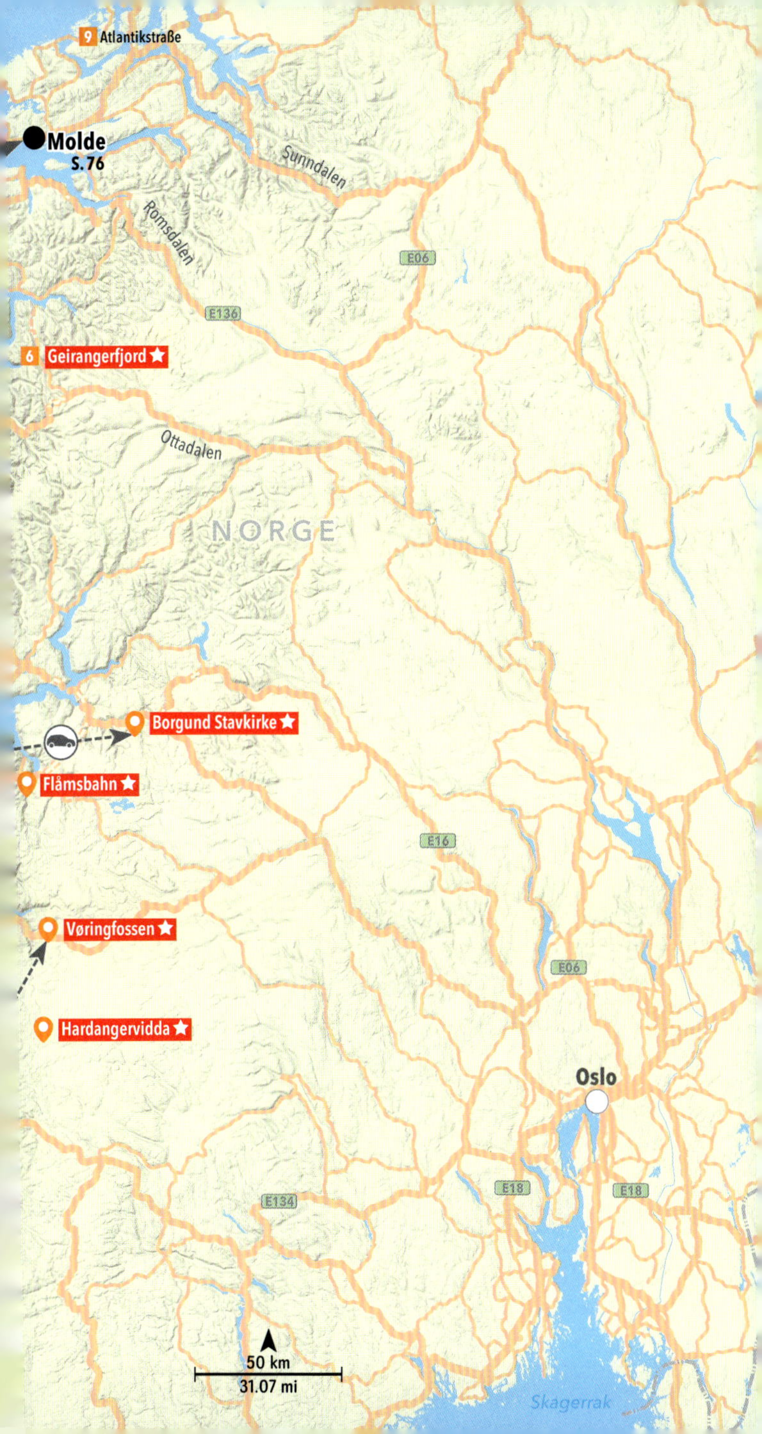

9 Atlantikstraße
Molde
S. 76
Sunndalen
Romsdalen
E06
E136
6 Geirangerfjord
Ottadalen
NORGE
Borgund Stavkirke
Flåmsbahn
E16
Vøringfossen
E06
Hardangervidda
Oslo
E18
E18
E134
50 km
31.07 mi
Skagerrak

STAVANGER

(A17) **Vom verschlafenen Fischerdorf zur boomenden Ölmetropole – Stavanger (145 000 Ew.) zeigt, wie's geht.**

Während es in den Gassen der Altstadt (Gamle Stavanger) westlich der Hafenbucht Vågen zwischen weißen Holzhäusern beschaulich zugeht, ist das Ufer auf der anderen Seite von Einkaufsstraßen, Kneipen und Restaurants geprägt. Besonderes Highlight ist die „Bunte Straße", in der jedes Haus in einer anderen knalligen Farbe angemalt ist.

SIGHTSEEING

NORSK HERMETIKKMUSEUM

Was bitte ist an einem Konservenmuseum so spannend? Nun, wenn man das Gefühl hat, dass in dieser ehemaligen Konservenfabrik die Zeit um 1920 stehen geblieben ist und jeden Moment Arbeiter zur Schicht um die Ecke kommen könnten, um Sardinen in Dosen zu verpacken und in die Welt zu schicken, dann ist ist die Antwort wohl: so einiges. *Di/Mi, Fr 11–15, Do 11–19, Sa/So 11–16 Uhr | Eintritt 100 NOK | Andasmauet 15 | iddismuseum.no | 1 Std.*

NORSK OLJEMUSEUM

Das interaktive Erdölmuseum zeigt, wie das schwarze Gold entsteht und genutzt wird und wie sich Norwegen durch das Offshore-Abenteuer verändert hat. *Juni–Aug. tgl. 10–19, Sept.–Mai Mo–Sa 10–16, So 10–18 Uhr | Eintritt 150 NOK | Kjeringholmen 1 | norskolje.museum.no | 1 ½ Std.*

ESSEN & TRINKEN

BØKER OG BØRST

Gemütliches Café und ein Geheimtipp unter Craft-Beer-Fans: Die Karte hält über 200 Sorten Bier (auch einheimische) bereit. *Øvre Holmegate 32 | Tel. 51 86 04 76 | bokerogborst.no | €€*

SHOPPEN

HANNES KERAMIKK

Hier findest du Vasen, Tassen oder Schalen in skandinavisch schlichtem Stil – wunderbare Erinnerungsstücke für dein Zuhause. *Øvre Strandgate 51A*

JANS FISKERØKERI

Die Adresse für Norwegens besten Räucherlachs, der hier noch in Öfen aus der Nachkriegszeit hergestellt wird. Gourmets aus allen Ecken Europas holen sich hier regelmäßig ein Stück Graved Lachs oder Räucherlachs ab. *Johannes gate 37*

INSIDER-TIPP
Nach alten Rezepten

STRÄNDE

Dank Eiszeit und Golfstrom gibt es in der Umgebung von Stavanger wunderschöne Sandstrände mit Dünenlandschaften zum Sonnenbaden. Nach Süden beginnen die Strände von Jæren. Am schönsten sind *Borestranda* (etwa 15 km südlich vom Flughafen) und *Orrestranda* (22 km

Nur Fliegen ist schöner: Schwindelfreie belohnt der Preikestolen mit tollen Ausblicken

südlich). Etwas nördlich des malerischen Hafenorts Skudeneshavn auf Karmøy (22 km nördlich von Stavanger, Fähre) liegt der von Klippen umgebene Sandstrand *Sandvestranden*, mit herrlichem Blick auf die Nordsee und immer genug Platz selbst an warmen Sommertagen.

INSIDER-TIPP
Idealer Picknickplatz

Wer nicht seine Badesachen auspacken mag, hat hoffentlich den Picknickkorb reichlich bestückt.

AUSGEHEN & FEIERN

Viel los ist am Kai und in den schmalen Straßen an der Nordseite der Hafenbucht Vågen, hier geht es bis zur Sperrstunde *(in den Clubs um 3.30 Uhr, sonst um 2 Uhr)* hoch her. *Cardinal Pub & Bar (Skagen 21 | cardinal.no)* hat Norwegens größte Bierauswahl: über 500 Sorten.

RUND UM STAVANGER

1 PREIKESTOLEN ★

60 km / 1 Std. 20 Min. von Stavanger (per Auto über E 39 und Riksvei 13)

Jetzt müsste man nur noch fliegen können, dann wäre das Glück perfekt! Wer die zweistündige Wanderung (einfache Strecke) auf das 604 m hohe und gerade einmal 625 m² große Plateau auf sich genommen hat, wird mit einem grandiosen Blick über den Lysefjord belohnt. Hier bremst dich kein Zaun und keine Absperrung, und während die einen noch mit ihrer Höhenangst kämpfen, lassen die anderen schon mutig ihre Füße über den Abhang baumeln. Jetzt den mitgebrachten Grill auspacken und beim Picknick immer wieder den Blick über die sagenhafte Landschaft schweifen lassen! A–B17

HARDANGER

(B15–16) **Der Gletscher Folgefonna überragt die Region Hardanger, die an den Ufern des gleichnamigen Fjords liegt. Dieser bricht südlich von Bergen ins Landesinnere ein und endet erst an der Hochebene Hardangervidda.**

Es beginnt immer mit einem Wasserfall: Im Westen ist es der *Steinsdalsfossen,* im Norden der *Tveitefossen,* im Osten der *Vøringfossen,* im Süden der *Låtefossen.* Besonders während der Schneeschmelze streuen die Wassermassen dieser „Tore nach Hardanger" ihren feinen Staub über alle Autos und Betrachter. Wer nicht wasserscheu ist, kann einen der Spazierwege hinter einem Wasserfall nehmen, wie etwa beim Steinsdalsfossen. Zwischen bewaldeten Hängen und dem im Sommer blaugrünen *Hardangerfjord* stehen Hunderttausende Obstbäume. Eines der Glanzlichter ist die Obstblüte Ende April – eine Zeit, in der ein paar Hundert Meter höher noch Ski gelaufen wird.

SIGHTSEEING

HARDANGER FARTØYVERNSENTER (MUSEUMSWERFT HARDANGER)

Würdest du zum Bootsbauer taugen? Teste es aus! Erst mal zugucken, wie die Profis alte Segelboote und Schoner bearbeiten, und dann selbst den Hammer schwingen. Beim Geruch von Salzwasser, Holz und Teer fühlst du dich schon bald wie ein Seebär. Im Sommer Führungen, Café. *Mai–Aug.*

Am Hardangerfjord sind Gipfel und Gletscher zum Greifen nah

tgl. 10–17 Uhr | Eintritt 115 NOK | Norheimsund | fartoyvern.no | ⏱ 1 ½ Std.

HARDANGERVIDDA ★

Die mit 9000 km² größte Hochebene Europas, das norwegische Wandergebiet schlechthin. Nur von Juni bis September kommen die gut markierten Wanderwege zum Vorschein, die das karge, 1000–1600 m hohe Plateau durchkreuzen. Die Flora beschränkt sich auf Krüppelbirken, Gräser und Flechten, die Fauna birgt Überraschungen: Hier streifen wilde Rentiere (südlichster Bestand Europas), wuseln Lemminge und kreisen Raubvögel. Echte Gipfel gibt es nur im Westen, das Wandern ist gefahrlos, übernachtet wird in bewirtschafteten Hütten, in Selbstversorgerhütten oder im eigenen Zelt. Der „Vidda" näherst du dich am besten von der Straße 7 am Nordrand oder von der E 134 am Südostrand bei *Røldal* aus. Einen anstrengenden, aber schönen Aufstieg beschert die im 13. Jh. von Mönchen angelegte *Munketrappene* bei *Lofthus* (Straße 13) am Westrand der Hardangervidda. Noch spektakulärer ist der Aufstieg von Kinsarvik durchs „Tal der Wasserfälle" *Husedalen.*

NORSK NATURSENTER HARDANGER

Wer die Hardangervidda nicht nur wandernd entdecken möchte, bekommt hier vertiefende Einblicke in Natur und Kulturgeschichte. Die Küche im Restaurant *Hardangerviddahallen (Tel. 53 67 40 00 | €)* zaubert exzellente traditionelle Gerichte. *April–Okt. tgl. 12–18 (15. Juni–20. Aug. 10–18) Uhr | Eintritt 160 NOK | Øvre Eidfjord | norsknatursenter.no | ⏱ 1 Std.*

VØRINGFOSSEN ★

Der tiefste Punkt des leicht zugänglichen Wasserfalls ist kaum zu sehen, der Blick über das tosende Nass und die tiefe Schlucht dafür umso spannender. Vorsicht! Absperrung beachten! 12 m³ Wasser stürzen pro Sekunde in die Schlucht. Nur wenige Kilometer entfernt in Richtung Hardangervidda liegt der riesige *Sysendamm.* Von dort hast du einen herrlichen Blick ins Tal und zum Gletscher Hardangerjøkulen.

ESSEN & TRINKEN

STEINSTØ FRUKTGARD

Obst und Beeren aus Hardanger, norwegische Hausmannskost und einen traumhaften Blick über Fjord und Fjell gibt's hier im Café. *Fykesundvegen 768 | Steinstø | an der Straße 7 | Tel. 99 69 15 27 | steinsto.no | €*

VILTKROA

Ökologische Gourmetspeisen auf dem Campingplatz *Måbødalen Camping (Øvre Eidfjord | Tel. 99 00 91 60 | mabodalen.no | €€):* Forellen oder Rentier, dazu viel Gemüse.

BERGEN

(🕮 A15) **Ja, es stimmt: Bergen gehört mit seinen 248 Regentagen zu den regenreichsten Städten der Welt. Es vergeht demnach kaum**

ein Tag, an dem es nicht zumindest mal tröpfelt. Egal – sobald die Sonne wieder durch die Wolken blitzt, sind Cafés und Restaurants wieder voll mit Menschen.

Bergen, im Jahr 1070 gegründet und heute mit 287 000 Einwohnern die zweitgrößte Stadt des Landes, blickt als Königsresidenz sowie als Hafen- und Hansestadt auf eine ruhmreiche Vergangenheit zurück. Im Mittelalter war Bergen die größte Stadt in Nordeuropa. Ab dem 14. Jh. lag das Hafenviertel Bryggen in den Händen der Hanse, erst 1764 verließen die letzten norddeutschen Kaufleute die Stadt.

WOHIN ZUERST?

Alle Wege führen zum Platz **Torgallmenningen** und zum **Fisketorget (Fischmarkt)** am Hafen, doch das Auto solltest du vorher in einem Parkhaus oder – von Süden kommend – nahe einer Haltestelle der Stadtbahn *Bybanen* abstellen und mit ihr bis zur Endstation in der Stadtmitte fahren. Wer auf dem Seeweg mit der Fähre oder Hurtigruten ankommt, folgt den Schildern zum nächsten Parkhaus.

Mit der *Bergen-Card (24-Std.-Karte 300 NOK | visitbergen.com)* kannst du im Parkhaus *Bygarasjen* günstiger parken (15 Prozent Ermäßigung) und die meisten Sehenswürdigkeiten gratis oder zu stark ermäßigten Preisen besuchen. Wer im Sommer eine Übernachtung braucht, sollte lange vorher buchen.

SIGHTSEEING

BERGENSHUS FESTNING

Mittelpunkt der Festungsanlage Bergenshus – eine weithin sichtbare Landmarke für Seefahrer – ist die 1261 im gotischen Stil erbaute *Håkonshalle*, die heute für Konzerte und festlichen Anlässe genutzt wird. Der benachbarte, wuchtige *Rosenkrantzturm* wurde 1568 als Residenz und Verteidigungsanlage fertiggestellt. *Im Sommer tgl. 11–17 Uhr, sonst kürzer | Eintritt 120 NOK | bymuseet.no |* ⏲ *1 Std.*

BRYGGEN ★

Die bunten Fassaden sind weltberühmt. Wenn du zwischen den Häusern und Hinterhöfen des alten Hanseviertels durch die Gassen läufst, spürst du fast die 400-jährige Geschichte der Lübecker Kaufleute – auch wenn viele Gebäude nach einem Stadtbrand 1702 wiederaufgebaut wurden. Deinen Spaziergang beginnst du am besten in der *Schøtstue*. Hier siehst du neben rekonstruierten Kaufmannsstuben auch einige Ausstellungsstücke aus dem *Hanseatischen Museum (museumvest.no)*, das wegen Renovierung noch bis 2024 geschlossen ist. Weiter geht's zum historischen Hof *Finnegården* und vorbei an den Shops mit Stickereien, Töpfereien und Kunsthandwerk bis zum frisch renovierten *Bryggens Museum (Mai–Aug. tgl. 11–17 Uhr, sonst kürzer | Eintritt 160 NOK | bymuseet.no).* ⏲ *1 Std.*

FLØYEN

Einen festen Platz im Herzen aller Bergener hat der Aussichtsberg, der

Prächtig mit und ohne Regenschirm: alte Handelshäuser in Bryggen

319 m über dem Stadtzentrum liegt und einen tollen Blick über die Stadt und die umliegenden Inseln bis zum offenen Meer erlaubt. Den höchsten Punkt erreichst du in acht Minuten mit der *Fløibahn (Mo–Fr 7.30–23, Sa/So 8–23 Uhr | Fahrpreis 75 NOK je Strecke | floibanen.no).* ⏲ *2 Std.*

FISKETORGET (FISCHMARKT)

Fangfrisch und besonders lecker sind die Krabben, die man hier in dreieckigen Tüten bekommt und direkt vor Ort pult und genießt. Bei Regen kannst du entweder in den gläsernen *Mathallen* am Südufer oder im *Kjøttbasaren (kjøttbasaren.no)* – auch kulinarische – Zuflucht suchen. ⏲ *1 Std.*

AKVARIET

In Westnorwegens größtem Aquarium sind neben heimischem Seegetier auch exotische Meeresbewohner, Krokodile und Schlangen zu sehen. Wem das Anschauen nicht reicht: Bei Familien mit Kindern kommt neben den Seehunden und Pinguinen besonders das Anfassbecken gut an, in dem man Seefische und Schalentiere hautnah erleben kann. *Mai–Aug. tgl. 9–18, sonst 10–18 Uhr | Eintritt 315 NOK, Kinder (3–15 Jahre) 200 NOK | akvariet.no |* ⏲ *2 Std.*

KODE

Hinter dem Kürzel verbergen sich die vier Sammlungen des Bergener Kunstmuseums, die nah beieinander liegen. *Kode 1 (Nordahl Bruns gate 9)* ist Kunsthandwerk und Design vorbehalten, eine Besonderheit ist *Sølvskatten,* eine Sammlung mit 600 in Bergen geschaffenen Gegenständen aus Gold und Silber. *Kode 2 (Rasmus Meyer allé 3)* zeigt international hochwertige wechselnde Ausstellungen, emp-

fehlenswert für eine Pause ist das Café *Smakverket* im Erdgeschoss.

Die Rasmus-Meyer-Sammlung mit vorrangig norwegischen Werken – u. a. von Edvard Munch, Christian Krogh, J. C. Dahl und Harriet Backer – präsentiert *Kode 3 (Rasmus Meyer allé 7)*. Bemerkenswert ist die große Sammlung von Zeichnungen und Grafiken von Edvard Munch. Die feste Ausstellung in *Kode 4 (Rasmus Meyer allé 9)* ist ein kunsthistorischer Streifzug von der Renaissance bis ins 20. Jh.; bei Redaktionsschluss dieses Reiseführers war es wegen Umbauarbeiten geschlossen, das Restaurant *Lysverket* blieb jedoch geöffnet. *Mai–Sept. Di/Mi, Fr–So 10–17, Do 10–20 Uhr, sonst kürzer | Eintritt 150 NOK, Kinder in Begleitung eines zahlenden Erwachsenen frei | kodebergen.no | 1 Std.*

LEPRAMUSEET

Lepra? Igitt! Nach dem Besuch des ehemaligen Sankt-Jørgen-Hospitals siehst du die Krankheit mit anderen Augen. Hier entdeckte Armauer Hansen 1873 den Krankheitserreger. Von einigen „Aussätzigen" und ihren Schicksalen erzählen Bilder und Zeitdokumente. Achtung: Einige davon sind nichts für unruhige Mägen.

INSIDER-TIPP Lehrreiches für Mutige

Im Sommer Mo–Do 11–18, Fr–So 11–15 Uhr | Eintritt 120 NOK | Kong Oscars gate 59 | bymuseet.no | 1 Std.

ULRIKEN

Bei der Fahrt mit der Seilbahn zum höchsten Bergener Gipfel weitet sich mit jedem Höhenmeter das Panorama mit dem Blick über Stadt und Umland bis zum Horizont: die Kessellage, die unzähligen vorgelagerten Inseln, bei guter Sicht Schiffe in der Ferne. Wer einmal oben ist, sollte auch eine Wanderung in die alpine Landschaft im Rücken des Ulriken machen. *Seilbahn Mai–Sept. tgl. 9–23, Okt–April Di/Mi, So 9–19, Do–Sa 9–23 Uhr | Berg- und Talfahrt 195 NOK | Ulriken-Express-Bus Mai–Sept. tgl. 9–18.30 Uhr alle 30 Min. ab Zentrum (Torgallmenningen 1A), hin und zurück 100 NOK*

VILVITE

Besonders Kinder und Jugendliche können in diesem Wissenszentrum in die Welt der Naturwissenschaft und Technologie eintauchen. Zu den thematischen Schwerpunkten gehören Wetter, Energie und Ozean. Mit Experimenten, einer Unterwasserwelt, Schiffs- und Ölplattformsimulatoren, Café und Shop. *Di–Fr 9–15, Sa/So 10–17 Uhr | Eintritt 195 NOK, Kinder (3–15 Jahre) 165 NOK | Thormøhlens gate 51 | vilvite.no | 2 Std.*

ESSEN & TRINKEN

CAFÉ OPERA

Kleines, seit fast drei Jahrzehnten angesagtes Caférestaurant. Einer der Gründe für seine anhaltende Beliebtheit ist die gute Lage zwischen Universität und Stadtmitte, ein zweiter die kleine Speisekarte mit sehr guten Gerichten und ein dritter der Wille, Musik und Kunst eine Bühne zu bieten. *Engen 18 | cafeopera.org | €*

ENHJØRNINGEN/TO KOKKER

Im Hansehof Enhjørningsgården auf Bryggen werden im *Enhjørningen (Tel. 55 30 69 50 | enhjorningen.no)* Bergens beste Fischgerichte serviert. Bei *To Kokker (Tel. 55 30 69 55 | tokokker.no)* im selben Haus gibt es auch herzhafte Fleischspezialitäten. *Enhjørningsgården 29 | €€€*

MARG & BEIN

INSIDER-TIPP
Fangfrisch aus dem Meer

Unweit der Universität werden Freunde der raffinierten Küche bei der mehrfach ausgezeichneten Köchin Hanne Frosta fündig. Wie wär's mit Pollack, Seetang, Herings- und Forellenrogen? Alle Zutaten stammen aus der Region oder frisch aus dem Meer. *Fosswinckelsgate 18 | Tel. 55 32 34 32 | marg-bein.no | €€*

SHOPPEN

BLEKK

In der kleinen Gasse rechts unterhalb der Fløibahnstation liegt dieser kleine Kunstladen mit zahlreichen Drucken und Originalen norwegischer Künstler. *Lille Øvregate 12*

HEIM BRYGGEN

Ob nützlich oder stylish – hier findest du zwischen all dem Design und Kulinarischen sicher was Nettes für dein Zuhause. 100 Prozent „Made in Norway". *Bredsgården 1B*

HJERTHOLM

Mitten in Bergens Einkaufsmeile, in der Einkaufspassage *Galleriet,* hält im 5. Stock dieser Laden allerhand Kunsthandwerk bereit. Wer da nichts findet, kann in den anderen rund 60 Läden dort stöbern. *Torgallmenningen 8*

OLEANA

Gegenüber von Bryggen, direkt am Hafen, liegt klein, aber schnuckelig dieses farbenfrohe Geschäft mit wunderschönen Stricksachen. Die Vorlagen für die verspielten Muster aus Rosen, Blättern und Ranken stammen von Bemalungen alter Fischerboote. *Strandkaien 2A | oleana.no*

INSIDER-TIPP
Musterhaft gestrickt

AUSGEHEN & FEIERN

DET AKADEMISKE KVARTERET

Für Studenten von Studenten – wenn du auf der Suche nach Anschluss bist, schau hier vorbei. Neben netten Gesprächen bekommst du mit Sicherheit auch was Gutes auf die Ohren. *Olav Kyrres gate 49 | kvarteret.no*

KIPPERS – USF

Lass dich an einem Sommerabend einfach von der Feierlaune in der Stadt anstecken. Am besten beginnst du deinen Streifzug in diesem Café, mit etwas Glück erfährst du von den Gästen, welche Location genau heute Nacht angesagt ist. *Georgernes verft 12 | usf.no*

HENRIK ØL & VINSTOVE

Auch ein guter Ort, um den Abend zu beginnen. Mit großer Auswahl an britischen, deutschen und norwegischen Bieren, niedrigem Geräuschpegel und netten Leuten vor und hinter dem Tresen. *Engen 10*

PINGVINEN

Absolut trendy – was an der entspannten Atmosphäre, der umfangreichen Bierkarte und den traditionell norwe-

In der Villa Troldhaugen waren Edvard Grieg und seine Frau Nina zu Hause

gischen Gerichten *(€)* liegt. *Vaskerelven 14 | Tel. 55604646*

RUND UM BERGEN

2 TROLDHAUGEN (GRIEG-MUSEUM UND -WOHNHAUS)

10 km/15 Min. von Bergen/Zentrum (Stadtbahn Bybanen ab Station Hop)
In der Villa auf einer Halbinsel im See Nordåsvannet lebten Edvard Grieg und seine Frau Nina 22 Jahre lang vom Frühling bis in den Herbst. Die kleine Komponistenhütte am Wasser inspirierte Grieg zu weltberühmten Werken. Im gut versteckten Troldsalen finden im Sommer Konzerte statt, z. B. die 30-minütigen Lunchkonzerte mit Führung durch Wohnhaus und Museum *(Di–So 11.30 und 13 Uhr | 200 NOK)*. *Mai–Sept. Di–So 10–17 Uhr | Eintritt 130 NOK | Troldhaugveien 65 | griegmuseum.no | 2 Std. |* *A15*

INSIDER-TIPP
Klassische Auszeit

3 LYSØEN

25 km/40 Min. von Bergen (mit dem Auto über E39)
Wegen seiner urigen Stilmischung sehenswerter Landsitz des Bergener Wundergeigers Ole Bull (1810–88) auf einer kleinen Insel im Fanafjord. Das Museum *(1 Std.)* wurde bei Redaktionsschluss umfassend renoviert. Ein Ausflug auf die Insel lohnt sich immer, mit dem *Boot ab Buena kai (Mai–Sept. Di–So 11–15 Uhr stündl. | 50 NOK hin und zurück)* wird's zum stilechten Erlebnis. *lysoen.no | A16*

SOGNEFJORD

(A–B14–15) **Eine riesige Mündung und mächtige Gebirgslandschaften prägen den längsten und tiefsten Fjord Norwegens.**
Auch heute noch sind die Reisenden auf Fähren angewiesen, die den Fjord zu jeder Tageszeit überqueren. Einige Nebenarme des Sognefjords sind berühmte, von der Natur geschaffene Touristenattraktionen. Der Aurlandsfjord und der Nærøyfjord – einer der schmalsten befahrbaren Fjorde überhaupt – zählen zum Unesco-Welterbe.

SIGHTSEEING

BALESTRAND

Ein kleiner Ort an der breitesten Stelle des Sognefjords, wo Landschaft und Licht seit 150 Jahren Kunstmaler anziehen. Zwischen den hübschen Häusern (darunter mehrere Galerien) herrscht Beschaulichkeit, der Blick über den Fjord ist unübertroffen. In der *Balholm Bar & Bistro* kannst du bei einem Krabbenbrot einen Blick in das märchenhafte *Kviknes Hotel (kviknes.no)* im Schweizerstil werfen. Die *Fähre von Balestrand nach Fjærland (Juni–Mitte Sept. tgl. 8 und 12 Uhr | Hin- und Rückfahrt 540 NOK)* steuert durch den schmalen Fjærlandfjord Richtung Norden direkt auf einen Arm des *Jostedalsbreen* zu,

INSIDER-TIPP
Gemütliche Überfahrt

des größten Gletschers auf dem europäischen Festland.

BORGUND STAVKIRKE ★

30 km östlich von Lærdal, einem kleinen Ort am östlichen Ende des Sognefjords, steht an der E 16 die bekannteste der norwegischen Stabkirchen (erbaut um 1180). Neben den Drachenköpfen auf dem Giebel fallen die wunderschönen Schnitzereien am Westportal auf. Ist der Andrang sehr groß, lohnt sich der Abstecher zur kleinen *Undredal Stavkirke*. *Mitte April–Mitte Okt. tgl. 9.30–17.30 Uhr | Eintritt 100 NOK | stavkirke.no | 1 Std.*

FLÅMSBAHN ★

Vorbei an tosenden Wasserfällen, tiefen Schluchten und engen Tunneln – hier erwartet dich ungelogen die spektakulärste Zugfahrt der Welt. In einer Stunde zuckelt die Bahn vom 866 m hoch gelegenen *Myrdal* hinunter nach *Flåm*. Wer sich etwas bewegen und die sagenhafte Natur noch etwas länger genießen möchte, sollte die umgekehrte Reiseroute bergauf wählen und von Myrdal dann mit dem Fahrrad hinunter ins Tal radeln. *Fahrpreis ab 650 NOK | visitflam.com*

NORSK BREMUSEUM

Ausstellungen, Modelle und einen Panoramafilm über den Gletscher Jostedalsbreen zeigt dieses architektonisch interessante Museum. Es liegt in Fjærland am Fuß der Gletscherarme Bøyabreen und Suphellebreen. *April/Mai und Sept./Okt. tgl. 10–16, Juni–Aug. 9–19 Uhr | Eintritt 140 NOK | bre.museum.no | 1 ½ Std.*

UNDREDAL STAVKIRKE

Die kleinste Kirche Skandinaviens liegt 13 km nördlich von Flåm versteckt zwischen gewaltigen Berghängen am Ufer des Aurlandsfjords. Das nur 4 m breite Gotteshaus wurde wahrscheinlich im 12. Jh. erbaut. Das Dorf Undredal ist auch für seinen Ziegenkäse bekannt. *30 Min.*

STEGASTEINEN

Paraglider nehmen den Steg gern als Absprungrampe, alle anderen stehen vorn an der Brüstung und genießen nur den Wow-Moment mit Blick weit über den Fjord, der bei schönem Wetter einfach unschlagbar ist. Ohne Gleitschirm musst du nach dem Sattsehen die 30 m bis zum sicheren Boden wieder zu Fuß zurücklegen. Vielleicht wird hier deine Lust auf eine neue Sportart geboren? *An der Passstraße Aurlandsvegen zwischen Aurland und Lærdal, Abzweigung kurz hinter Aurland*

RUND UM DEN SOGNEFJORD

4 NORDFJORD

169 km / 3 Std. von Balestrand nach Olden (per Auto und Fähre über Fylkesvei 55 und Riksvei 5)

Unterhalb des riesigen Gletschers Jostedalsbreen liegen an beiden Ufern des Nordfjords hübsche Dörfer und Mittelgebirge, die zu langen Wanderungen einladen. 22 km hinter der beschilderten Abzweigung in *Olden* beginnen im *Oldedalen* die Fahrten zur Gletscherzunge *Briksdalsbreen (Mai–Okt. tgl. 9–17 Uhr | Vorbestellung Tel. 57 87 68 05 | 250 NOK | briksdal.no)*. Preisgünstiger ist die Fahrt von *Loen* am See Loenvatnet entlang zum Talende von *Kjenndal*. Von dort aus kannst du in einer Viertelstunde bis zum Gletscherarm *Kjenndalsbreen* wandern.

In Loen ganzjährig spektakulär ist der *Loen Skylift (Tickets ab 555 NOK/Auf- und Abfahrt | loenskylift.no)*, der auf den 1011 m hohen Berg *Hoven* hinaufführt.

INSIDER-TIPP
Himmelsstürmer

Bloß cool bleiben im steilsten Skilift der Welt: In nur sieben Minuten bist du oben und hast einen grandiosen Blick über die Fjordlandschaft. Jetzt Ski anschnallen und ab die Post – oder den Rucksack schultern und den Abstieg bequem zu Fuß meistern. Gut zu wissen für alle Fälle: Der Lift führt auch wieder runter. *B14*

5 VESTKAPP

230 km / 4 Std. 15 Min. von Balestrand nach Selje (per Auto und Fähre über Riksvei 5 und E 39)

Vom Hafenort *Selje* fahren *Schiffe zu den Ruinen des Selje-Klosters (Mitte Juni–Mitte Aug. tgl. 10.15–13.15 Uhr mehrere Abfahrten | geführte Tour 399 NOK | Tickets in der Touristeninformation | Tel. 40 44 60 11 | fjordguidingselje.no)*. Das Kloster wurde im 12. Jh. zu Ehren von Sankt Sunniva, der Schutzheiligen Westnorwegens, errichtet. Ein wunderschöner Sandstrand liegt in *Ervik* unterhalb des Vestkapps. Der fast 500 m hohe Felsen *Kjerringa* überragt den wegen der wechselnden Winde und Strömungen berüchtigten Küstenabschnitt Stadlandet. *A-B13–14*

Holzbaukunst aus dem 12. Jh.: die Borgund Stavkirke

ÅLESUND

(B13) **Die von zahlreichen Inseln umgebene Hafenstadt Ålesund (67 000 Ew.) bezaubert durch ihren Jugendstilcharme und ist Ausgangspunkt für Touren zum Geirangerfjord.**

Auf einen Happen an den Hafen: In Ålesund ist das Wasser immer nah

Schon der deutsche Kaiser Wilhelm II. hatte eine Schwäche für diese Gegend, anders ist seine großzügige Unterstützung nach dem verheerenden Brand 1904 nicht zu erklären. An nur einem Tag brannten 850 Häuser nieder, 10 000 Menschen wurden obdachlos. In den Folgejahren entstanden prachtvolle Häuser mit reich verzierten Fassaden – und aus einem beschaulichen Fischerstädtchen wurde ein Juwel, das dich auch heute noch begeistern kann.

SIGHTSEEING

JUGENDSTILSENTERET

In der ehemaligen Schwanenapotheke gibt eine Ausstellung Einblicke in den Baustil, der Ålesund geprägt hat. Dank der authentischen Einrichtungen werden die Besucher in die Anfänge des 20. Jhs. entführt. *Juni–Aug. tgl. 10–16 Uhr | Eintritt 110 NOK | Apotekergata 16 | vitimusea.no | 2 Std.*

AKSLA

Der Stadtberg von Ålesund sollte nicht ausgelassen werden. Zu Fuß kommst du vom Zentrum über 418 Treppenstufen nach oben, mit dem Auto folgst du den Schildern nach *Fjellstua*. Lass den Blick schweifen: über die Stadt und den Hafen, die Inseln, Sunde und das Meer. Im Süden sind die schneebedeckten Gipfel der Sunnmøre-Alpen zu sehen – traumhaft!

SUNNMØRE MUSEUM

In diesem Freilichtmuseum befinden sich 55 alte Häuser und 30 alte Boote, darunter auch Wikingerschiffe und die Kopie eines Handelsschiffs aus dem 11. Jh. *Juni–Aug. Mo–Fr 10–16, Sa/So 12–16 Uhr, sonst kürzer | Eintritt*

110 NOK | Museumsvegen 12 | ca. 5 km östlich der Innenstadt | vitimusea.no | 1 Std.

ATLANTIKPARK ÅLESUND

Im modernsten Aquarium Norwegens schmiegen sich mehrere Landschaftsaquarien in die maritime Umgebung. Das größte Becken fasst 4 Mio. l Wasser und beherbergt alle Fischarten, die es vor der Küste Westnorwegens gibt. Täglicher Höhepunkt ist die Fütterung der Fische durch einen Taucher. Im Wissenszentrum kannst du viel über das Meer und seine Erforschung erfahren. *Juni–Aug. tgl. 9–17, sonst Mo–Sa 11–16, So bis 18 Uhr | Eintritt Erwachsene 225 NOK, Kinder 100 NOK | Tueneset | atlanterhavsparken.no | 1 ½ Std.*

ESSEN & TRINKEN

ANNO

Auf der Speisekarte dieses italienischen Pizzarestaurants sind ein paar Überraschungen versteckt. Klippfischpizza gibt es nur hier, die Focaccia mit Meeresdelikatessen verwöhnt den Gaumen und passt perfekt ins maritime Umfeld. *Apotekergata 9 | Tel. 71 70 70 77 | anno.no | €€*

SHOPPEN

DEVOLDFABRIKKEN

Aus der Fabrik am gegenüberliegenden Fjordufer kommt nicht nur der bei Seeleuten beliebte Devold-Pullover, der Fabrikverkauf umfasst auch andere Marken für Sport- und Freizeitkleidung. Dazu gibt es ein Café und einen herrlichen Blick auf die Inseln vor Ålesund. *Mo–Fr 10–20, Sa bis 18, Juli/Aug. auch So 12–17 Uhr | Personenfähre nach Langevåg ab Kai am ZOB (hin und zurück Mo–Fr 82 NOK, So 60 NOK) | devoldfabrikken.no*

SPORT & SPASS

KAJAKTOUREN

In Ålesund beginnt der Storfjord, der „große Fjord", seinen Weg ins Landesinnere – perfekt für tagelange Ausflüge in die Fjordwelt. Wer kein eigenes Kajak dabeihat und sich einer Gruppe anschließen möchte, kann beispielsweise beim Outdoorveranstalter *Actin (Tel. 92 09 57 45)* anfragen.

RUND UM ÅLESUND

6 GEIRANGERFJORD ★

110 km / 2 ½ Std. von Ålesund (per Auto und Fähre über E 136 und Fylkesvei 63)

Das wohl bekannteste Fotomotiv in Westnorwegen: Umgeben von steilen Bergwänden, tosenden Wasserfällen und Gebirgsmassiven, in denen sich Almhöfe verstecken, bahnt sich der Geirangerfjord seinen Weg ins Landesinnere. Den Ort *Geiranger* erreichst du auf dem Wasserweg ab *Hellesylt (80 km südöstlich von Ålesund an der Straße 60)* mit der *Autofähre (tgl. 8 Abfahrten | Fahrpreis 335 NOK, Auto und Fahrer 670 NOK)* oder über kurvenreiche Straßen. Auf der *Straße 63* ist von Süden her der Blick vom *Dalsnibba* (1450 m, Maut) die Ouvertüre zum Besuch am Geirangerfjord. Von Åndalsnes *(B13)* aus bieten die Serpentinen des *Trollstigveien* mitsamt seiner spektakulären Aussichtsplattform ebenso wie ein Stopp am Aussichtspunkt *Ørnesvingen* einen atemberaubenden Blick auf das Panorama der Bergwelt von Sunnmøre. *B14*

7 RUNDE ★

120 km / 2 ½ Std. von Ålesund (mit Auto und Fähre über E 39)

Die Westseite der Insel im Fahrwasser vor Ålesund ist ein dicht bevölkerter Vogelfelsen. Seine wichtigste Attraktion sind die bunten Papageitaucher, die hier zu Hunderttausenden den Sommer verbringen. Die Wanderung zu den Klippen hinauf dauert etwa eine Stunde, als Belohnung winken neben den Vögeln die herrliche Aussicht über das Nordmeer und ein frischer Seewind. Von Ålesund aus werden Bootsfahrten zum Vogelfelsen veranstaltet. *A13*

8 GODØY

21 km / 30 Min. von Ålesund (per Auto über Fylkesvei 658)

Durch zwei unterseeische Tunnel und über eine Brücke gelangst du auf dieses kleine Eiland vor Ålesund. Auf dem Weg liegt die Insel *Giske* mit einer wunderschön gelegenen Marmorkirche aus dem 11. Jh. Auf Godøy ist der 1936 errichtete Leuchtturm *Alnes fyr (Di–So 11–17 Uhr | Führungen 70 NOK)* eine wichtige Landmarke. Ein Café serviert hier köstliche hausgemachte Kuchen und kleine Gerichte. Bleib unbedingt, bis die Sonne am Horizont versinkt, der Ausblick am Panoramafenster ist atemberaubend. *B13*

INSIDER-TIPP
Stimmungsvoller Sonnenuntergang

MOLDE

(B13) **Verschlafenes Nest? Aber nicht immer. Jedes Jahr, wenn internationale Jazzmusiker zum Festival hier einschwärmen, wird im beschaulichen Molde (32 000 Ew.) gejammt, was das Zeug hält.**

Das Umland hält ein spannendes Nebeneinander von Bergen, Fjorden und offenem Meer bereit. Von dem kleinen Berg Varden (407 m) am nördlichen Stadtrand genießt du einen wunderbaren Blick auf die Gipfel von Romsdalen.

SIGHTSEEING

KRONA ROMSDALSMUSEET

Steil wie ein Schiffsbug ragt der Museumsbau in den Himmel. Für Kunstfans: Eine Dauerausstellung widmet sich dem deutschen Maler Kurt Schwitters, der 1932–39 auf der Insel Hjertøya lebte. *Juni–Aug. tgl. 11–17 Uhr, sonst kürzer | Eintritt 100 NOK | Per Amdams veg 4 | romsdalsmuseet.no | 1 ½ Std.*

ESSEN & TRINKEN

FOLE GODT

Urbane Kaffeehauskultur am 62. Breitengrad: Dieses urig-gemütliche Café lädt zur wohlverdienten Pause ein. Gebacken wird selbst in liebevoller Handarbeit. Besonders lecker sind die Sandwiches, beispielsweise belegt mit Roastbeef und Remoulade nach hauseigenem Rezept. *Storgata 61*

SPORT & SPASS

RADFAHREN AM MEER

Ab in den Sattel – erkunde die Inseln vor Molde mit dem Fahrrad! Beim Inselhopping wirst du kaum von Autos gestört und hast die ganze Zeit über Salz auf den Lippen und stille Buchten in der Nähe. Die Tour ab Molde über drei Inseln ist rund 200 km lang.

INSIDER-TIPP
Auf den Salzgeschmack gekommen

RUND UM MOLDE

9 ATLANTIKSTRASSE

46 km/45 Min. von Molde nach Bud (mit dem Auto über Fylkesvei 64)

Vom idyllischen Fischerdorf *Bud* aus geht es den Küstenabschnitt Hustadvika entlang, bei Seeleuten wegen wechselnder Winde und Strömungen berüchtigt – die Route garantiert engsten Kontakt mit den Elementen. Über acht Brücken, die kleine Inseln und Schären miteinander verbinden, fährst du auf die Insel *Averøya* und weiter in die Hafenstadt *Kristiansund (visitkristiansund.com)*. Rechts und links der Straße gibt es Rastplätze und Angelstellen. B12–13

Platz ist auf dem kleinsten Felsen: Papageitaucher auf der Vogelinsel Runde

TRØNDELAG

AUF DEN SPUREN DES WIKINGERKÖNIGS

Die letzte Ruhestätte des Heiligen Olav, der Nidarosdom in Trondheim, war 400 Jahre lang wichtigste Pilgerstätte im Norden. Heute ist das Zentrum norwegischer Kulturgeschichte bequem per Boot, Flugzeug oder Auto zu erreichen.

Wer einmal eine Zeit lang abtauchen möchte, findet auf dem von Oslo nach Trondheim führenden Olavsweg *(pilegrimsleden.no)* die gewünschte Stille, allein rund 170 km des Wegs verlaufen durch die rauen Weiten von Trøndelag. Dies ist eine der wenigen Gegenden in

Rot leuchtet das „Tor des Glücks“ auf der Alten Stadtbrücke in Trondheim

Europa, in denen man mit etwas Glück tagelang durch fruchtbare Ebenen und vorbei an lachsreichen Flüssen wandert, ohne einer Menschenseele zu begegnen – dafür aber zahlreichen Schafen, Rentieren und Elchen. Die Wege sind gut ausgeschildert, sodass man sich statt aufs GPS auch mal nur auf Allwetterjacke, Zelt und Campingkocher verlassen kann. Den Proviant ergänzt man mit Fisch aus dem Fluss und Heidelbeeren vom Wegesrand. So wenig braucht es für ein bisschen Ruhe, Gelassenheit und eine Prise Abenteuer.

TRØNDELAG

MARCO POLO HIGHLIGHTS

★ **RØROS**
Eine Zeitreise zurück in die Blütezeit des Kupferbergbaus ➤ S. 82

★ **NIDAROSDOM**
Auf den Westturm klettern und sich vom Blick auf Trondheim umwerfen lassen ➤ S. 84

★ **RINGVE MUSIKKMUSEUM**
Prachtvolles Anwesen in Trondheim mit dem Musikhistorischen Museum ➤ S. 85

★ **MUNKHOLMEN**
Kleine Insel vor Trondheim mit „fesselnder“ Vergangenheit ➤ S. 85

Steinkjer
Beitstadfjorden
F o s n a
1 Den Gyldne Omvei
Verdalsøra
Ytterøy
Levanger
E06
Trondheims-
fjorden
Stjørdal
E14
Ringve Musikkmuseum
Munkholmen
Trondheim
S. 84
Nidarosdom
Orkanger
E39
154 km, 2 ¼ Std.
G a u d a l e n
NORGE
Oppdal
Røros
S. 82
Tynset
25 km
15.54 mi

DOVREFJELL

(🕮 C13–14) **Die Gebirgsregion Dovrefjell mit Nationalpark ist das Tor zu Trøndelag.**

Für eine Tour durch den *Nationalpark Dovrefjell-Sunndalsfjella* sind Fernglas und Kamera unverzichtbar. Sonst lässt sich die wilde Pracht der Gegend kaum erfassen. Highlight dieser Gebirgsregion mit dem 2286 m hohen Berg *Snøhetta* sind die rund 300 Moschusochsen – einer der wenigen Bestände weltweit –, die man nur bei einer geführten *Safari (ab Kongsvold oder Oppdal | Mitte Juni–Okt. jeweils ab 10 Uhr | Dauer ca. 7 Std. | 550 NOK | moskussafari.no)* aus nächster Nähe beobachten kann. Wer sich ohne Guide auf den Weg macht, sollte gut vorbereitet zur Wanderung aufbrechen, Infos gibt es z. B. auf *nasjonalparkriket.no*. Belohnt wirst du mit einem faszinierenden Blick auf die Tiere dieser Region, wie etwa Rentiere, Vielfraße, Füchse, Elche oder Bergadler. Im Winter ist das *Oppdal Skisenter (oppdalskisenter.no)* ein beliebtes Ziel für Alpinisten.

SIGHTSEEING

Die Herberge *Kongsvold Fjeldstue (frich.no/kongsvold-fjeldstue)* besitzt eine lange Geschichte als Berggasthof und ist gleichzeitig Forschungsstation für Botanik und Zoologie.

INSIDER-TIPP Auf stylishem Posten

Ein phantastischer Platz, um die Bergwelt des Nationalparks zu genießen, ist der *Viewpoint Snøhetta* – ein preisgekrönter Flachbau aus Glas und Stahl in 1500 m Höhe. Von Hjerkinn aus fährst du westlich bis zum Parkplatz Tverrfjellet, die letzten 1,5 km sind ein gemütlicher Spaziergang.

RØROS

(🕮 D13) **In der einstigen Kupferbergbaustadt ★ Røros (5600 Ew.) nahe der schwedischen Grenze scheint die Zeit stehen geblieben zu sein.**

In den zwei Hauptstraßen reihen sich rund 50 denkmalgeschützte Häuser aneinander. Sie werden überragt von der Kirche, dem einzigen Steingebäude weit und breit. Røros ist ein Winterferienort: Die Temperaturen können bis auf minus 30 Grad fallen. Die Schlittenhänge am *Hummelfjell* sind sagenhaft und werden bestimmt im Tagebuch von Kindern als „tollstes Erlebnis ever" stehen.

SIGHTSEEING

SMELTHYTTA (SCHMELZHÜTTE) UND OLAVSGRUVA (OLAVSGRUBE)

333 Jahre lang bestimmte das Kupfererz das Leben dieser Region. Wer hier Arbeit fand, hatte wenig zu lachen, dafür aber immerhin genug zu essen. Die Schmelzhütte erzählt eindrucksvoll vom harten Leben der Bergleute.

INSIDER-TIPP Geschichte unter Tage erleben

Wer buchstäblich noch tiefer in die Geschichte einsteigen möchte, sollte sich einen Abstieg in die Olavsgrube nicht entgehen lassen. *Smelt-*

hytta Juni–Aug. tgl. 10–18 Uhr, sonst kürzer | Eintritt 130 NOK | Olavsgruva (ca. 13 km östlich an der Straße 31) Führungen 20. Juni–15. Aug. tgl. 9, 11, 13 und 15, 16. Aug.–10. Sept. tgl. 15 Uhr | Eintritt 180 NOK | rorosmuseet.no | ⏲ jeweils 1 ¼ Std. mit Führung

ESSEN & TRINKEN

KAFFESTUGGU

Während das Ambiente seit dem 18. Jh. nahezu unverändert zu sein scheint, ist die kleine, aber feine Karte erfreulicherweise aus dem Hier und Jetzt. Im Sommer lädt der kuschelige Hinterhof zu einem Cappuccino mit Zimt ein. *Bergmannsgate 18 | Tel. 72 41 10 33 | kaffestuggu.no | €€*

LOCAL FOOD SAFARI

INSIDER-TIPP Schlemmertour

Besuch einer Hofbäckerei und einer Wildschlachterei, Lunch in einem historischen Gasthof: All das erlebst du bei einem fünfstündigen Busausflug, unter anderem mit Geschmacksproben von Ren, Elch, Hirsch und Forelle. *Im Sommer tgl. 11–12.30 Uhr | 625 NOK | Anmeldung am Vortag bis 17.30 Uhr beim Røros Turistkontor (Peder Hiorts gate 2 | Tel. 72 41 00 00 | roros.no)*

SHOPPEN

Gönn dir nach deinem Ortstrip doch noch was Kuscheliges: Bei *Røros Tweed (Tollef Bredalsvei 8 | rorostweed.no)* findest du aufwendig verarbeitete Wolldecken in trendigen Farben, die auf jedes Sofa oder Bett passen. Die Accessoires sind nicht ganz billig, im Fabrikverkauf lässt sich aber bestimmt das ein oder andere Schnäppchen machen.

Einkaufen in der alten Kupferstadt: das Zentrum von Røros

TRONDHEIM

(◫ D12) **Trondheim, von 1030 bis 1217 Norwegens Hauptstadt, war bis zur Reformation im 16. Jh. Sitz der norwegischen Erzbischöfe und Wallfahrtsort für Pilger, die unter dem Dom das Grab des hl. Olav vermuteten.**

Der Nidarosdom ist Norwegens einzige Kathedrale und wichtigste Sehenswürdigkeit der Stadt (210 000 Ew.), die heute vor allem für ihre technische Universität und international renommierte Forschungsinstitute bekannt ist.

SIGHTSEEING

STIFTSGÅRDEN

Der 58 m lange Stadthof wurde 1778 fertiggestellt, Räume und Einrichtung sind ganz vom Rokoko geprägt. Als Dreikäsehoch rutschte der heutige König Harald seinerzeit auf Knien auf dem rauen Dielenboden herum. *Juni–20. Aug. Mo–Sa 10–15, So 12–15 Uhr stündl. Führungen | Eintritt 120 NOK | Munkegata 23 | ⏲ 1 Std.*

WOHIN ZUERST?

Nidarosdom: Der Dom in der Stadtmitte ist erstes Ziel und Startpunkt zugleich. Mit dem Auto führt der Weg über die E6. Von Süden her biegst du in den Stadtteil Lade ab und parkst am *Einkaufszentrum City Syd.* Von dort fahren regelmäßig Busse ins Zentrum. Von Norden kommend folgst du den Schildern Richtung Zentrum und fährst in das *Parkhaus Leutenhaven (So geschl. | Erling Skakkes gate 40).*

GAMLE BYBRO (ALTE STADTBRÜCKE)

Bist du abergläubisch? Dann nichts wie durch das „Tor des Glücks"! Hier gelangst du über die 1861 erbaute Brücke von der Stadtmitte zum Stadtteil Bakklandet mit seinen schmalen Gassen und hübschen Holzhäusern. Den liebevollen Namen hat der Aufbau übrigens den Trondheimern zu verdanken.

NIDAROSDOM ★

Wo bitte geht's hier zu Bob Dylan? Die Treppe hoch bis zur Spitze des Westturms. Dort trägt Erzengel Michael die Gesichtszüge des Sängers und Nobelpreisträgers. Jetzt noch eine Wow-Minute lang über die Stadt blicken und sich dann runter ins Innere dieses größten sakralen Bauwerks Skandinaviens auf königliche Spuren begeben. Zuletzt hat Prinzessin Märtha Louise hier 2002 Ari Behn geheiratet. *Juni–Aug. Mo–Fr 9–18, Sa 9–13, So 13–17 Uhr, sonst kürzer | Eintritt 120 NOK | nidarosdomen.no | ⏲ 1 ½ Std.*

ERKEBISPEGÅRDEN

Im Untergeschoss des Erzbischöflichen Hofs findest du die Insignien der norwegischen Monarchie. Bislang wurden Krone und Zepter bei vier Krönungen und zwei Segnungen aus dem Glasschrank geholt. Wirf einen Blick darauf, bevor sie Kronprinz Haakon als Nächster bei seiner Krönung im nahe gelegenen Nidarosdom tragen wird. *Juni–Aug. Mo–Fr 10–17, Sa 11–15, So 12–16 Uhr | Eintritt 120 NOK, Kombiticket (Dom, Erzbischöflicher Hof und Reichsinsignien) 240 NOK | 1 Std.*

NORDENFJELDSKE KUNSTINDUSTRIMUSEUM

Wer ein Faible für Design und Einrichtung hat, darf hier nicht dran vorbeigehen: Norwegisches Interieurdesign aus 400 Jahren, japanisches Kunsthandwerk und einmalige Stücke des Art nouveau – die Spannbreite ist groß, das macht die Ausstellung spannend und abwechslungsreich. Wegen Umbauarbeiten (bis 2025) sind Teile der Ausstellung im *Hannah Ryggen Zentrum (Mo–Do 9–19, Fr 9–15.30, Sa 11–15 Uhr | Eintritt frei | Anreise per Schnellboot)* in Brekstad zu sehen. *Munkegata 3–7 | nkim.no | 1 Std.*

ROCKHEIM

Taugst du zum Profimusiker? Probier's aus und finde im Erlebnisraum deine kreative Ader: Komponiere Hip-Hop-Loops mit professionellem Equipment, versuch dich als DJ oder besprüh ganz stilecht die Wände mit Graffiti. „Was, das waren Norweger?" Im Zeittunnel zur norwegischen Rock- und Popmusik werden dich mehrere solcher Aha-Momente packen. *Di–So 11–18 Uhr | Eintritt 140 NOK | Bratterøkaia 14 | rockheim.no | 1 ½ Std.*

RINGVE MUSIKKMUSEUM ★

In einem wunderschönen Park am Ostrand der Stadt liegt der prächtige Herrenhof Ringve Gård aus dem 18. Jh. mit dem Musikhistorischen Museum. In einer umgebauten Scheune findest du Hunderte von Instrumenten, an den *prøv selv-stasjoner* (Versuch's-selbst-Stationen) darfst du dich musikalisch austoben. *Juni–Aug. tgl. 10–17, Sept.–Mai Di–So 11–16 Uhr, deutschsprachige Führungen im Sommer 14 Uhr | Eintritt 160 NOK, Kinder und Jugendliche bis 15 Jahre frei | Stadtteil Lade | ringve.no | 2 Std.*

Blickt auf ein Jahrtausend zurück: der Nidarosdom in Trondheim

MUNKHOLMEN ★

Kleine Insel im Fjord vor der Stadt mit sehr gut erhaltenen Klosterruinen. Zu Wikingerzeiten wurden hier Häuptlinge geköpft, ab 1658 war das im 11. Jh.

entstandene Kloster eine Festung mit Gefängnis. Von den Badeplätzen der Insel hast du einen schönen Blick über Stadt und Fjord. *Im Sommer stündl. 10–17 Uhr Fährboot (hin und zurück 110 NOK) ab Anleger Ravnkloa an der Fischhalle*

ESSEN & TRINKEN

AI SUMA

In einem alten Speicher am schönsten Abschnitt entlang des Flusses Nidelv trifft italienische Kochkunst auf edle norwegische Zutaten. *Kjøpsmannsgate 57 | Tel. 73 54 92 71 | aisuma.no | €€€*

NI MUSER

Für eine kleine Erfrischung bietet das trendige Café Salate und Sandwiches je nach Saison. Besonders beliebt sind die Kreationen der hauseigenen Konditorei, lass also noch Platz für einen leckeren Käsekuchen mit frischen Himbeeren. *Bispegata 9a | Tel. 73 53 63 11 | nimuser.no | €€*

INSIDER-TIPP
Paradies für Schleckermäuler

SHOPPEN

Von Schick bis Souvenir: Bring erst im *C. V. Vingsand – Shoeshine (Olav Tryggvasons gate 8)* deine Schuhe zum Glänzen und shoppe danach Interieur im *Ting (Olav Tryggvasons gate 10)*. Stilvolles aus Papier und vielleicht was Kreatives für deine Urlaubserinnerungen findest du bei *Papir & Design (Thomas Angellsgate 22)*.

SPORT & SPASS

Trampe CycloCable, der einzige Fahrradlift der Welt, ist Trondheims heimliche Attraktion. Er bringt dich in nur 60 Sekunden die 130 m lange Straße Brubakken bis nach oben. Alles, was du dafür brauchst, ist eine Schlüsselkarte (gibt's gratis in der Turistinformasjon, *visittrondheim.no*) und natürlich ein Fahrrad – und schon geht's los.

AUSGEHEN & FEIERN

Trondheims Nachtschwärmer sind jung und entspannt. Los geht's im *Antikvariatet (Nedre Bakklandet 4)* mit Bier und Buch. Verpass dort nicht das Jazzkonzert später am Abend. „Kiss the Prince" – wenn Kronprinz Haakon nicht da ist, tut es auch ein Cocktail gleichen Namens. Den gibt es in der *Raus Bar (Nordre gate 21)*.

RUND UM TRONDHEIM

1 DEN GYLDNE OMVEI

100 km / knapp 2 Std. mit dem Zug bis Røra

Der „goldene Umweg" zweigt nördlich von Verdal von der E 6 ab und führt auf den Straßen 755 und 761 über die Halbinsel *Inderøya*, vorbei an Kunstgalerien, Bäckereien und Hofläden. Wenn das Wetter mitspielt: Mach eine Radtour oder fahr zum Angeln auf den Trondheimsfjord. *visitinnherred.com* | *D11–12*

Historische Holzhäuser – genau richtig, um den Augenblick zu genießen

NORDLAND

JENSEITS DES POLARKREISES

Dort, wo das Land sich zu einem schmalen Band zusammenzieht und an seiner engsten Stelle gerade einmal sechs Kilometer bis nach Schweden reicht, beginnt das faszinierende Reich von Mitternachtssonne und Polarnächten.

Sprich: Es wird extremer. Die Bewohner dieser dünn besiedelten Gegend haben sich den unberechenbaren Jahreszeiten und Witterungen angepasst. Auch heute noch wird ihr Leben vom Nordmeer bestimmt, viele arbeiten hier als Fischer, Seefahrer oder ganz modern

Der stärkste Gezeitenstrom Norwegens: der Saltstraumen bei Bodø

auf den vorgelagerten Ölplattformen. Wo der König weit entfernt in der Hauptstadt regiert, wird der Ton rauer, die Dialekte sind derber, die Witze zotiger, die gesellige Art ist dafür unverstellt und herzlich. Für eine Reise in den Norden kommt man entweder über den Landweg auf der E6, der bei Mo i Rana am 66. Breitengrad über den Polarkreis führt, oder man taucht von der Seeseite aus ein in die arktische Natur und bestaunt an Bord des Hurtigruten-Schiffs die zerfranste Inselkette an der Küste.

NORDLAND

Langøya
Stokmarknes
Hadseløya
Norskehavet
Lofoten
Austvågøy
Svolvær
Vestvågøy
Leknes
Flakstadøya
Moskenes
Vestfjorden
Engeløya
Moskenstraumen
5 Værøy
Folda
Røsthavet
Røst
5
Kjerringøy 7
Helligvær
Landegode
Bodø
S. 92
3
Saltstraumen
Sandhornøy
Fugløya
140 km, 5 ½ Std.
1 Svartisen
Åmøya
Nesøya
2 Træna
Trænfjorden
E06

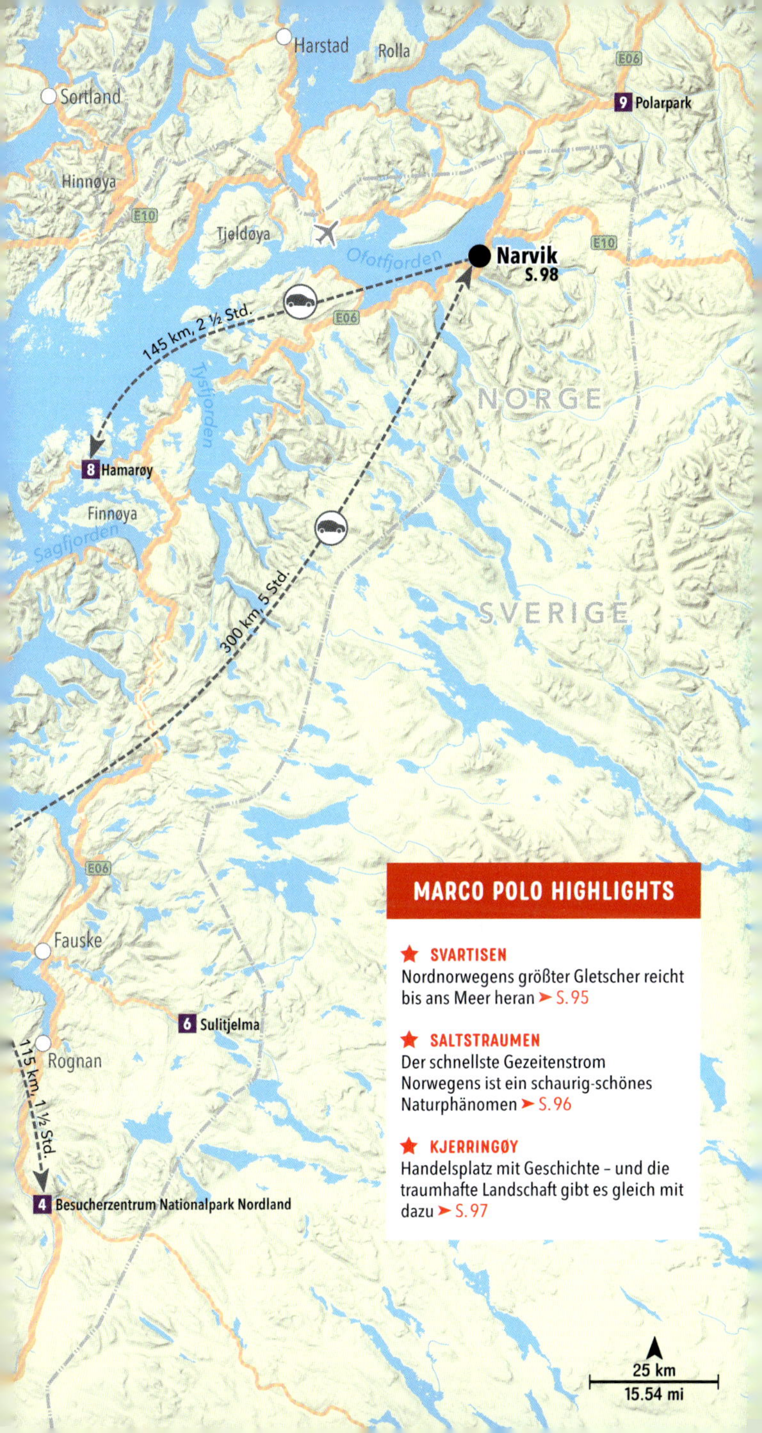

MARCO POLO HIGHLIGHTS

★ **SVARTISEN**
Nordnorwegens größter Gletscher reicht bis ans Meer heran ➤ S. 95

★ **SALTSTRAUMEN**
Der schnellste Gezeitenstrom Norwegens ist ein schaurig-schönes Naturphänomen ➤ S. 96

★ **KJERRINGØY**
Handelsplatz mit Geschichte – und die traumhafte Landschaft gibt es gleich mit dazu ➤ S. 97

BODØ

(📖 F8) **Böse Zungen behaupten, dass es in Bodø (52 800 Ew.) immer windig ist. Tatsächlich liegt die Hafenstadt und Hauptstadt von Nordland offen zum Vestfjord hin.**

Nur der 800 m hohe, klobige Gipfel auf der vorgelagerten Insel Landego en Blick lohnen. Doch die Einwohner machen das wieder wett: Beim Bummel über den Moloveien am Hafen entlang wirst du merken, dass die Bodøværinger herzlich und offen sind, mit ihrer guten Laune prägen sie die Stadt.

Bodø ist auch ein Verkehrsknotenpunkt. Für die Nordlandbahn ist hier Endstation, gleich gegenüber legen

Außerirdische in Bodø? Kneif fest in deine warme Jacke – was da leuchtet, ist das Nordlicht

bietet ein wenig Schutz gegen eisige Nordweststürme.

Die Stadtrechte bekam der Ort bereits 1860, aber die deutschen Angriffe vom 27. Mai 1940 zerstörten die gesamte Bebauung. Deshalb erscheint Bodø seinen Besuchern heute eher langweilig, es gibt nur wenige Gebäude und Wohnviertel, die einen genau- die Hurtigruten-Schiffe an. Von hier aus fahren viele Urlauber mit der Fähre hinüber zu den Lofoten. Expressschiffe brechen in die abgelegenen Regionen und zu den Inseln auf, die auf beiden Seiten des gewaltigen Vestfjords liegen. Der Vestfjord ist Kinderstube für den nordatlantischen Dorsch – wenn du köstlich zubereiteten Dorsch probieren möchtest, dann in Bodø!

SIGHTSEEING

BYMUSEET BODØ

Im ältesten Gebäude Nordlands (erbaut 1903) sind der Alltag der nordländischen Fischerbauern und die samische Besiedlung zentrale Themen. Hier wird auch der eisenzeitliche Silberschatz von Bodø aufbewahrt, der 1919 gefunden wurde. *Juni–Aug. tgl. 11–16, sonst Di–Fr 11–15, Sa/So 12–15 Uhr | Eintritt 80 NOK | Prinsensgate 116 | nordlandsmuseet.no/bymuseet | ⏲ 1 Std.*

NYHOLMEN KULTURHISTORISKE OMRÅDE (LEUCHTTURM UND SCHANZE)

Auf einer kleinen, vor der Stadt gelegenen Insel steht die rekonstruierte Schanze, die 1810–35 als Schutzanlage für die Handelsniederlassung Hundholmen, die spätere Stadt Bodø, diente. Bei einem Spaziergang zum Leuchtturm kannst du Bodø und das Umland vom Meer aus betrachten.

NORSK LUFTFARTSMUSEUM

Die Geschichte der norwegischen zivilen Luftfahrt und der Luftwaffe, ein Flugsimulator und die Darstellung dessen, was bei Start und Landung so alles passiert: ein spannender Einblick sowohl für Erwachsene als auch für Kinder. *Juni–Aug. tgl. 10–18, sonst Mo–Fr 10–16, Sa/So 11–17 Uhr | Eintritt 175 NOK, Kinder 90 NOK | luftfartsmuseum.no | ⏲ 1 Std.*

BODIN KIRKE

Die um 1240 entstandene Steinkirche liegt 3 km vor der Stadtmitte direkt am Saltfjord. Besonders auffällig ist die reich gestaltete Altartafel von 1670. Die „Barockorgel" ist dagegen neueren Datums: Der Nachbau stammt von 2003 und erfreut mit einem prachtvollen Klang. *Mitte Juni–Ende Aug. Mo–Fr 10–15 Uhr | ⏲ 30 Min.*

KEISERVARDEN

Eine leichte dreistündige Wanderung über die Hügel in der Umgebung wird mit dem schönsten Blick über das Nordmeer hinüber zur Lofotwand belohnt. Bei schönem Sommerwetter kannst du aus 350 m Höhe knapp oberhalb der Baumgrenze der Mitternachtssonne dabei zuschauen, wie sie das Meer berührt und dann wieder aufsteigt. Während der *Nordland-Musikfestwochen (Nordland Musikkfestuke)* werden hier oben auch Konzerte gegeben. *Nähere Auskünfte und Wanderkarte bei der Turistinformasjon (visitbodo.com)*

ESSEN & TRINKEN

LØVOLDS KAFETERIA

Norwegische Hausmannskost zu günstigen Preisen. Das Restaurant setzt auf arktische Zutaten und große Portionen. Wenn du einmal gekochten Heilbutt essen möchtest – tu es hier! *Tollbugata 9 | Tel. 75 52 02 61 | lovoldskafeteria.no | €*

MELKEBAREN

Der Name täuscht: Milch kommt in diesem Coffeeshop vor allem als schaumiger Begleiter für phantastisch geröstete Kaffeevariationen daher. Dazu Croissants, Zimtschnecken oder ein Eis – hier lässt sich entspannt das Treiben auf der Straße betrachten, auch wenn es regnet. *Storgata 16 | Tel. 99 75 92 94 | €–€€*

INSIDER-TIPP
Süßes zum Kaffee

SHOPPEN

Weil es in Bodø immer windig und manchmal eben auch ziemlich kalt ist, hat man gleich eine ganze Einkaufsstraße mit Glas überdacht: Im *Glasshuset* mitten im Zentrum findest du alles. Andenken, Schmuck und nützliche Gegenstände aus Steinen, die großteils in der Umgebung abgebaut werden, gibt es im *Bertnes Geo-Senter (bertnesgeosenter.no | ca. 8 km östlich von Bodø)*.

SPORT & SPASS

ANGELN

Angeln kannst du hier überall: im Fjord und im offenen Meer, vom Ufer oder vom Boot aus. Rekordverdächtige Seelachse, Dorsche und Heilbutte werden bei *Kutterfahrten im Saltstraumen* gefangen. Bootsgröße, Fahrtdauer und Preis variieren je nach Teilnehmerzahl. *Info: Tuvsjyen AS (Tel. 75 58 77 91 | tuvsjyen.com)*

NORDLANDSBADET

Eines der schönsten „Badeländer" in Norwegen. Neben verschiedenen Schwimmbecken und Rutschen gibt es Whirlpools und Wohlfühlecken – und im 1. Stock einen *Wellnessbereich (Mo–Do 15–21, Fr/Sa 12–20, So bis 18 Uhr | Eintritt 310 NOK)* mit Grotten, Kräuterdampfbad und finnischer Sauna. *Mo, Mi/Do 15–21, Di, Fr*

In Bodø startet deine Bootstour zum Gezeitenstrom Saltstraumen

6.30–21, Sa/So 10–18 Uhr | Eintritt 200 NOK, Kinder und Jugendliche 10–15 Jahre 162 NOK, 3–9 Jahre 132 NOK | Plassmyrveien 11–15 | bodospektrum.no

SEEADLERSAFARI

Im Sommer bricht der Veranstalter *Stella Polaris* täglich um 16 Uhr zur Insel *Landego* auf, um die größten Greifvögel Skandinaviens zu beobachten. *Fahrpreis 850 NOK | Anmeldung bei der Turistinformasjon (visit bodo.com) | Abfahrt ab Hurtigruten-Anleger*

FESTE

NORDLAND MUSIKKFESTUKE

Zwei Wochen Anfang August eines jeden Jahres liegen in der arktischen Luft über dem Meer klassische und jazzige Töne. Eine eigenwilligere Kulisse kann man sich kaum vorstellen. *Tickets ab 450 NOK | Tel. 75 54 90 40 | musikkfestuka.no*

RUND UM BODØ

1 SVARTISEN ★

160 km / 2 Std. 20 Min. von Bodø bis Rastplatz Braset (per Auto über Fylkevei 17)

Norwegens zweitgrößtem Gletscher kommst du von der Seeseite aus sehr nah. Besonders die weit ans Ufer ragende Gletscherzunge *Engabreen* ist ein beliebtes Reiseziel. Vom Dorf *Holand* an der Straße 17 fahren im Sommer täglich kleine Schiffe zum Eis hinüber, die letzten 3 km auf einem Schotterweg bewältigst du zu Fuß oder mit dem Fahrrad (Verleih am Anleger). Die Ausrüstung für die Gletscherbesteigung gibt es vor Ort. Info und Buchungen von Gletscherwanderungen bei *Rocks 'n Rivers (Mai–Sept. | 1200 NOK für 6 Std. | Tel. 41 08 29 81 | rocksnrivers.no).* *🕮 E–F 8–9*

2 TRÆNA

140 km / 5 ½ Std. von Bodø (Schiff)

Es gibt gute Gründe, Nordnorwegens kleinster Gemeinde (500 Ew.) einen Besuch abzustatten. Nur wenige der rund 1000 Inseln und Holme am Polarkreis sind bewohnt, die Menschen hier sind mit dem Meer verwachsen. Sie sind Fischer oder arbeiten in der Lachszucht, und sie freuen sich über jeden Besucher. Selbst Hobbyangler werden in den Fischgründen zwischen den Inseln viel fangen, und die riesige Papageitaucherkolonie auf der Insel *Lovund* ist ein faszinierendes Schauspiel. Anfang Juli findet das *Træna-Festival (3-Tage-Pass 2055 NOK | trena.net)* statt. Für das besondere Erlebnis am Polarkreis braucht es nur erstklassigen Rock und Pop, Zeltcamps, Seafood direkt vom Kutter, Sonne und Regen. Bei rund 2000 meist jungen Besuchern ist es eine fast schon gemütliche Veranstaltung. *Expressschiff ab Zentrum (Ticket ab 705 NOK | reisnordland.no)* | *E9*

INSIDER-TIPP
Mit Möwen um die Wette kreischen

3 SALTSTRAUMEN ★

33 km / 30 Min. von Bodø (mit dem Auto über Riksvei 80)

Der stärkste Gezeitenstrom des Landes ist selbst aus der Distanz ein schaurig-schönes Erlebnis. Innerhalb von sechs Stunden werden enorme Wassermassen mit fast 40 km/h durch den 3 km langen und nur 150 m breiten Sund gepresst – das Donnern der Naturkräfte kannst du sogar von der Brücke aus hören. Angler schätzen andere Qualitäten an diesem Fjordeinlauf: Hier werden die größten Seelachse in Europa gefangen, der Weltrekord liegt bei 22,7 kg. Wer die beeindruckenden Kräfte der Strömung hautnah erleben möchte, kann bei *Saltstraumen Brygge (Tel. 92 45 51 00 | sfc.no)* ein solides Boot für eine Angeltour mieten (3 Tage ab 3100 NOK) und auch übernachten. *F8*

4 BESUCHERZENTRUM NATIONALPARK NORDLAND

116 km / 1 Std. 40 Min. von Bodø (über Riksvei 80 und E 6)

Norwegische und samische Kunst und die grandiose Natur des Nordlands, eingebettet in moderne Architektur – das Besucherzentrum hält für jeden etwas bereit. Im Sommer finden im Innenhof regelmäßig Lagerfeuer statt und laden Besucher in der einmaligen Atmosphäre dazu ein, sich für ein Weilchen dazuzusetzen. *Juni–Aug tgl. 12–17 Uhr | Eintritt frei | Tel. 40 06 72 51 | nordlandsnaturen.no | 1 Std. | F8*

5 RØST & VÆRØY

Røst 100 km / 7 Std., Værøy 85 km / 4 ½ Std. von Bodø (per Fähre ab Kai)

Mit den 35-Sitzern der Fluggesellschaft Widerøe oder per Fähre ab Bodø gelangst du zu den Vogelinseln *Røst* und *Værøy*. Die rund 1300 Einwohner beider Inselgruppen leben vom Fisch. Der ewige Wind, milde Winter und kühle Sommer sind die perfekten Voraussetzungen für die Herstellung von Stockfisch, der nach Südeuropa exportiert wird. Die Klippen auf der Südwestseite der Inseln beherbergen riesige Seevogelkolonien. Allein an den Felsen von Røst nistet ein Viertel des norwegischen Seevogelbestands, rund 2,5 Mio. Vögel. Hier leben unter anderem Papageitaucher, Möwen, Kormorane und Seeadler. Über Bootstouren zu den Vogelfelsen informieren die Touristenbüros auf den Inseln. *E7*

Darf's noch etwas mehr sein? Alter Kaufmannsladen in Kjerringøy

6 SULITJELMA

90 km / 1 ½ Std. von Bodø (mit dem Auto über Riksvei 80)

Umgeben von Bergen und Gletschermassiven liegt am Ende der Straße 830 der kleine ehemalige Bergwerksort Sulitjelma, in dem von 1887 bis 1991 Kupfer abgebaut wurde. Das *Grubenmuseum (im Sommer tgl. 11–17 Uhr | Eintritt 80 NOK | 1 Std.)* zeigt einen Querschnitt durch 100 Jahre Bergbau. An der alten Grube startet der 800 km lange Fernwanderweg *Nordkalottleden,* der auch nach Schweden und Finnland führt. *F8*

7 KJERRINGØY ★

42 km / 1 Std. von Bodø (mit dem Auto über die Straße 834)

Der traditionsreiche Handelsplatz mit 15 Gebäuden aus dem 19. Jh. liegt in einer traumhaft schönen Küstenlandschaft am riesigen Vestfjord. Hier bekommst du einen guten Eindruck vom Alltag der Herrschaften und ihrer Dienerschaft in einem typischen nordnorwegischen Handelsort in alter Zeit – und wirst hineinversetzt in die Handlungen vieler Romane von Knut Hamsun. Im Café *Markens Grøde (Ende Juli–Ende Aug.)* werden ausschließlich Produkte vom angrenzenden Ökohof Kjerringøy angeboten.

Schön ist eine Wanderung vom Pfarrhof Kjerringøy zum Berg *Middagshaugen* – vergiss aber nicht, dir feste Schuhe anzuziehen. *Mitte Mai–Ende Aug. tgl. 11–17, Sept.–Anfang Mai Sa 11.30–15 Uhr | Eintritt 120 NOK | short.travel/nor17 | 1 Std. | F7*

NARVIK

(▯ G6) **In Narvik fanden einige der härtesten Kämpfe des Zweiten Weltkriegs statt. Grund dafür war die wirtschaftlich-strategische Bedeutung des Hafens.**

Narvik mit Neuschnee – ein perfekter Cocktail fürs Snowboarding

Im Hafen von Narvik (21 500 Ew.) wird auch heute noch das Eisenerz aus den Gruben im schwedischen Kiruna verschifft. Die riesigen Verladekais sind der erste und beherrschende Eindruck von einer Stadt, die vor allem in einer herrlichen Umgebung liegt.

SIGHTSEEING

FJELLHEISEN (SEILBAHN)

Wenn du lieber in der Stadt bleiben und trotzdem eine schöne Aussicht genießen willst, ist die Seilbahn *(fjellheisen)* zu empfehlen, die dich innerhalb von sieben Minuten in 656 m Höhe bringt. Bei blauem Himmel bilden Fjord und Fjell und manchmal auch die Mitternachtssonne eine atemberaubende Szenerie. *Juni/Juli tgl. 12–24, Aug. tgl. 12–19, Sept./Okt. Fr 16–22, Sa 11–18 Uhr | Fahrpreis hin und zurück 235 NOK | ⏲ 1 Std.*

NARVIK KRIGSMUSEUM

Die Kämpfe um Narvik und das Eisenerz sowie die Zerstörung Narviks im Zweiten Weltkrieg werden in diesem Museum thematisiert. Die Ausstellung mit Nachdenkeffekt hinterlässt einen Kloß im Hals. *Im Sommer tgl. 10–18 Uhr, sonst kürzer | Eintritt 130 NOK | direkt am Marktplatz | warmuseum.no | ⏲ 1 Std.*

OFOTBAHN

Die Ofotbahn, eine der abenteuerlichsten Eisenbahnstrecken in Europa, verläuft zwischen Fjorden und arktischen Hochebenen. Während der Fahrt kannst du dem harten Leben und den Entbehrungen der Wanderarbeiter nachspüren, die vor über 100 Jahren die Trasse gebaut haben. Ende Juni–Mitte Aug. bietet *Visit Narvik (visitnarvik.com)* geführte Rundtouren (600 NOK) an. Per Zug geht es bis Katterat im Hochgebirge, dann zu Fuß 13 km bis nach Rombaksbotn am Ende des gleichnamigen Fjords, wo du mit einem RIB-Boot abgeholt wirst.

INSIDER-TIPP
Auf den Spuren der Wanderarbeiter

ESSEN & TRINKEN

RALLAR'N PUB OG KRO

Rustikal, abends dank Livemusik etwas laut, zur Mittagszeit allerdings ein Ort, an dem du eine ordentliche Mahlzeit bekommst. *Kongensgate 64 | im Quality Hotel Grand Royal | Tel. 76 97 70 00 | short.travel/nor19 | €€*

SPORT & SPASS

Alpinsport zwischen Fjord und Fjell kommt an: In Narvik wurden schon alpine Weltcuprennen ausgetragen. Bis weit in den Mai hinein sind Seilbahnen und Lifte in Betrieb. Mit dem Skizentrum mitten in der Stadt sind die Wege von der Unterkunft bis zur Abfahrt kurz. Unter Snowboardern gilt Narvik bei Neuschnee als erstklassige Adresse.

RUND UM NARVIK

8 HAMARØY

145 km/2 ½ Std. von Narvik (per Auto über E 6)

„Der Himmel war überall offen und rein, und ich starrte in dieses klare Meer." Knut Hamsun, aus dessen Werk „Pan" dieser Satz stammt, lebte viele Jahre auf der Halbinsel Hamarøy in einer Bilderbuch-Küstenlandschaft mit bizarren Gipfeln. Das *Hamsunsenteret (Juni–Aug. tgl. 11–18 Uhr, sonst kürzer | Eintritt 130 NOK | Presteid | hamsunsenteret.no | 1 ½ Std.)* des amerikanischen Architekten Steven Holl zeigt eine umfangreiche Ausstellung zu Leben und Wirken des berühmten Schriftstellers. Direkt am Leuchtturm *Tranøy fyr* kannst du einen Zwischenstopp einlegen und dich mit Fischsuppe oder Krabben zum Pulen stärken. Von hier aus hast du einen weiten, unverstellten Blick über Küste. Frisch gestärkt können Angler hier auch versuchen, einen ordentlichen Fang zu machen. *F7*

9 POLARPARK

85 km/1 Std. 20 Min. von Narvik (per Auto über E 6)

Norwegens „Nationales Raubtiercenter" liegt nördlich von Narvik im Tal Salangsdalen. Die Tierwelt ist durch Elch, Moschusochse und Rentier, aber auch Wolf, Luchs und Braunbär vertreten. *Juni–Aug. tgl. 10–18 Uhr | Eintritt 260 NOK, Kinder (3–15 Jahre) 160 NOK, Familien 750 NOK | Bardu | polarpark.no | 2 Std. | G6*

LOFOTEN & VESTERÅLEN

GIPFELSTÜRMER DES NORDENS

Worin liegt wohl der besondere Charme dieser Inseln? Ist es das helle Licht im Sommer, das Kletterern bis spät in die Nacht den Aufstieg an der mächtigen Lofotwand ermöglicht? Oder sind es die farbigen Tupfer der roten Fischerhäuschen, deren Anblick regelmäßig romantische Seufzer hervorlockt?

Oder vielleicht sind es auch die arktischen Wellen an der Küste, ein Geheimtipp unter Surfern aus aller Welt, auch weil der Ritt auf ihnen bei eisiger Kälte in den Fluten des Nordatlantiks mehr einer Mutpro-

Kleiner Ort in großer Kulisse: Reine liegt auf Moskenes, ganz im Süden der Lofoten

be als einem sportlichen Spaß gleichkommt – die Lofoten sind nicht nur cool, sondern Kult und sollten bei einer Reise in den Norden auf keinen Fall verpasst werden. Sonst würde man sich ja auch um den Spaß einer Walsafari bringen, einer Bootstour auf stürmischer See, die von Andenes auf den Vesterålen, nördlich der Lofoten, startet. Auf beiden Inselgruppen bestehen ohnehin beste Chancen, seltene Tierarten vor die Linse zu bekommen. Kurzum: (Extrem-)Sportler und Naturfans sind hier gleichermaßen an der richtigen Adresse.

LOFOTEN & VESTERÅLEN

MARCO POLO HIGHLIGHTS

★ **FLAKSTAD KIRKE**
Die leuchtend rote Kirche ist das schönste Gotteshaus auf den Lofoten ➤ S. 104

★ **LOFOTR VIKINGMUSEUM**
Auf der Insel Vestvågøy ist der Nachbau eines 83 m langen Hauses aus der Wikingerzeit zu sehen ➤ S. 105

★ **TROLLFJORD**
Ein zauberhafter Fjordarm – und so schmal, dass große Schiffe kaum wenden können ➤ S. 108

★ **ANDENES**
Weiße Sandstrände, das offene Nordmeer und riesige Pottwale ➤ S. 108

12 Andenes
Raumschiff Aurora 13
Vesterålen
Andøya
S. 108
82
Andfjorden
Senja
Grytøya
Andørja
128 km, 2 Std.
Harstad
Vagsfjorden
Rolla
Langøya
Sortland
15 Akvakultur Vesterålen
14 Hurtigrutemuseet
Hinnøya
Stokmarknes
Hadseløya
Tjeldøya
E10
Ofotfjorden
11 Trollfjord
Tysfjorden
Hamarøy
E06
Finnøya
NORGE
Engeløya
Sagfjorden
SVERIGE
25 km
15.54 mi

MOSKENES

(🕮 E7) **Moskenes ist die südlichste der Lofoteninseln, die sich am riesigen Vestfjord nach Norden ziehen.** Hier und in der Umgebung liegen einige der schönsten Aussichtspunkte und Fischerorte der Inseln.

ZIELE AUF MOSKENES

1 REINE

Reine (1000 Ew.) ist buchstäblich malerisch mit seiner Lage zwischen den fast spitzen Berggipfeln und dem klaren Wasser. Von März bis in den Herbst hinein riecht es hier nach Fisch, der auf den typischen Gestellen im Freien zum Trocknen aufgehängt wird.

2 SAKRISØY

Die über 100 Jahre alten, gelb-weiß gestrichenen Hütten *(rorbuer)* dieser Fischersiedlung bilden einen phantastischen Kontrast zu den umliegenden Bergen. Einst waren diese auf Pfählen ruhenden Häuser das Quartier der Fischer in der Fangzeit, heute kann man in ihnen übernachten.

3 LOFOTEN TØRRFISKMUSEUM

INSIDER-TIPP
Den Fischern zur Hand gehen

Å ist ein bewohntes Museumsdorf. Die Trockenfischproduktion hat auf den Lofoten eine lange Geschichte, die hier in den Gebäuden eines traditionellen Fischbetriebs Schritt für Schritt gezeigt wird. *Juni–Ende Aug. Mo–Sa 11–16 Uhr, sonst auf Anfrage | Eintritt 60 NOK | Endpunkt der E 10 | ⏲ 1 Std.*

ESSEN & TRINKEN

HOLMEN LOFOTEN/KITCHEN ON THE EDGE OF THE WORLD

Die raue arktische Natur mit allen Sinnen erfassen: Spannend experimentell sucht Valentine Warner mit Spitzenköchen und Bartendern aus aller Welt nach neuen Geschmäckern – ein Gaumenerlebnis. *Sørvågen | Tel. 93 44 23 01 | holmenlofoten.no | €€€*

SPORT & SPASS

Wo du übernachtest, kannst du sehr oft Fahrräder und Boote mieten. Angeln kannst du vom Boot oder vom Ufer aus.

RUND UM MOSKENES

4 MOSKENESSTRAUMEN

ca. 20 km von Reine (Bootstouren)

Die Meerenge liegt zwischen der Südspitze der Lofoten, Lofotodden, und der Insel Værøy. Im Sommer gibt es geführte Wanderungen zu dem sagenumwobenen Mahlstrom, der dank Edgar Allan Poe berühmt wurde. *Bootstour ab Reine z. B. bei Aqua Lofoten Coast Adventure (April–Sept. ab 10, Juli ab 13 Uhr | Dauer ca. 2 Std. | 1195 NOK | aqualofoten.no) | 🕮 E7*

5 FLAKSTAD KIRKE ★

30 km / 35 Min. von Reine (per Auto über E 10)

Schiff und Meer sind hier die Hauptthemen. Die ursprüngliche Kirche wurde

Aus der Höhe sieht Reine aus wie ein Spielzeugdorf

aus Treibholz gebaut, von ihrer Ausstattung sind nur noch wenige Gegenstände erhalten. Das Modell eines Fischerboots in der Mitte des Kirchenschiffs erinnert an die maritimen Wurzeln der Gemeinde. *1 Std.* | *E7*

6 NUSFJORD

41 km/50 Min. von Reine (per Auto über E 10)

Das bildhübsche Fischerdorf am Vestfjord liegt ebenfalls auf Flakstadøy. Die meisten *rorbuer* stammen aus dem 19. Jh., sie wurden restauriert und in Ferienquartiere verwandelt. *nusfjord.no* | *E7*

VESTVÅGØY

(E7) **Mit gerade einmal 1070 m Länge gehört die Landebahn am Flughafen von Leknes zu den kürzesten in Norwegen. Also: einfach ankommen und da sein.**

Leknes (3500 Ew.) ist das Zentrum der Insel und Gemeinde Vestvågøy. Zwar ist die Nachkriegsarchitektur wenig spannend, doch die Umgebung des Städtchens hat einige schöne Stopps zu bieten – auch für Wikingerfans.

ZIELE AUF VESTVÅGØY

7 LOFOTR VIKINGMUSEUM ★

Zeitreise zu den Wikingern: Nördlich von Leknes steht dieses Erlebnismuseum mit einer imponierenden Rekonstruktion des größten jemals gefundenen Wikingerhauses – es ist 83 m lang. In der Gildenhalle eines solchen Hauses wurden politische und religiöse Versammlungen abgehalten. Heute lodert in der Halle ein

Auf den Lofoten leben mächtige Seeadler in ihrer natürlichen Umgebung

Feuer, die Besucher können auf Fellen verweilen. *Juni–Mitte Aug. tgl. 10–19 Uhr, sonst kürzer | Eintritt 225 NOK | lofotr.no | 1 Std.*

ESSEN & TRINKEN

SKJÆRBRYGGA

Hervorragende Fischgerichte bekommst du hier, direkt am Kai in Stamsund. *Nur im Sommer | Tel. 76 05 46 00 | livelofoten.com | €€*

SHOPPEN

LOFOTEN DESIGN

Am Nordmeer, auf der benachbarten Insel Flakstadøy, liegt im Dorf Vikten die Glasbläser- und Töpferwerkstatt von Åse und Åsvar Tangrand. Die beiden Künstler lassen ihrer Phantasie freien Lauf – sehr zur Freude der Besucher. *April–Mai tgl. 10–16, Juni–Aug. 10–19 Uhr | Eintritt zu Werkstatt und „Töpferturm" 20 NOK | glasshyttavikten.no*

AUSTVÅGØY

(F6–7) **Austvågøy dient vielen nur als Sprungbrett zu vermeintlich attraktiveren Orten auf den Lofoten. Zu Unrecht.**

Die bergige Insel hat Ähnlichkeiten mit der Alpenregion, nicht ohne Grund trägt der 671 m hohe *Skottinden* auch den Spitznamen „Matterhorn der Lofoten". Neben Panoramablicken und endlosen Sandstränden findest du hier unzählige Wanderwege und Kletterstrecken.

ZIELE AUF AUSTVÅGØY

8 SVOLVÆR

Unterhalb des wegen seiner beiden hornähnlichen Gipfel *Svolværgeita* (Svolvær-Ziege) genannten Bergs liegt die Hauptstadt der Lofoten. Nach dem Wert der angelandeten Dorsche, Heringe und Zuchtlachse gehört Svolvær (4700 Ew.) zu den wichtigsten

Fischereihäfen in Nordnorwegen. Sichtbarer Beweis sind die Trockenfischgestelle, die auch auf den Holmen, kleinen Inseln, um den Ortskern herum stehen.

9 LOFOTMUSEET

Auf den Überresten von Vågar, Nordnorwegens einziger Stadt im Mittelalter, entstand dieses Regionalmuseum für die Lofoten. Das Hauptgebäude ist ein typischer herrschaftlicher Kaufmannshof von 1815, in den anderen Häusern steht der Alltag der einfachen Leute im Mittelpunkt. Und natürlich sind hier viele Fang- und Frachtboote und Fischereigeräte zu sehen. *Im Sommer tgl. 10–18 Uhr, sonst kürzer | Eintritt 110 NOK | Kabelvåg, Ortsteil Storvågan | lofotmuseet.no | 1 Std.*

10 LOFOTAKVARIET

In den Becken des Lofotaquariums nahe Svolvær schwimmen vor allem Tiere aus dem Nordmeer. Kinder sind besonders von den Fischottern und Seehunden begeistert. *Juni–Aug. tgl. 10–18, sonst So–Fr 11–15 Uhr | Eintritt Erwachsene 140 NOK, Kinder 90 NOK, Familien 400 NOK | Kabelvåg, Ortsteil Storvågan | lofotakvariet.no | 1 ½ Std.*

ESSEN & TRINKEN

BØRSEN SPISERI

Das maritime Restaurant (unbedingt vorbestellen!) gehört zu den für zwei bis sechs Personen eingerichteten Ferienhäusern von *Svinøya Rorbuer. Gunnar Bergs vei 2 | Svolvær | Tel. 76 06 99 31 | svinoya.no | €€*

SHOPPEN

SKANDINAVISK HØYFJELLSUTSTYR

Falls im Aktivurlaub noch etwas fehlt: Die Fachleute in diesem Geschäft kennen nicht nur die Gegend zu Land und auf dem Wasser, sondern finden zumeist auch die richtige Ausrüstung. *Håkon Kyllingsmarks gate 3 | Svolvær*

SPORT & SPASS

ANGELN

Im Sommer laufen täglich Kutter und Ausflugsschiffe mit Hobbyanglern aus. Bei den *Weltmeisterschaften im Dorschangeln* Ende März darf jeder mitmachen. *lofoten.info*

KAISERROUTE

Von Svolvær durch die Landschaften der nördlichen Lofoten: Die 220 km lange Kaiserroute führt zu entlegenen Orten, die Autoreisende kaum besuchen – entlang am weltberühmten Raftsund mit dem Trollfjord und zurück. Am meisten macht das Radfahren abends Spaß. Wer Glück hat, wird am Raftsund von Schweinswalen oder sogar von Schwertwalen begleitet. *lofoten-online.de*

INSIDER-TIPP Radeln in maritimer Begleitung

SEEHUNDE- UND SEEADLERSAFARI

Von Henningsvær aus werden eineinhalbstündige Seeadler- und Seehundsafaris (895 NOK) mit einem soliden RIB-Boot angeboten. Bei schönem Wetter sind die dreistündigen Mitternachtsfahrten zur Westseite der Lofoten (1095 NOK) ein Traum. Im Licht der Mitternachtssonne ist das Erlebnis des offenen Meers und der steil aufragenden Berge noch intensiver. *Lofoten Opplevelser | Tel. 90 58 14 75 | lofoten-opplevelser.no*

RUND UM AUSTVÅGØY

11 TROLLFJORD ★

ca. 15 km von Svolvær (Bootstouren)

Der Trollfjord ist von überwältigender landschaftlicher Schönheit. In dem extrem schmalen Nebenarm des Raftsunds müssen größere Ausflugsschiffe auf engstem Raum wenden. Währenddessen bestaunen die Passagiere die senkrecht in den Himmel ragenden Felsufer und das faszinierende Lichtspiel auf dem Wasser. *Bootstour ab Svolvær z. B. bei Lofoten Explorer (Dauer ca. 2 Std. | 945 NOK | lofoten-explorer.no).* *F6*

ANDØYA

(F5–6) **Nicht zu den Lofoten, sondern zu den Vesterålen gehört die Insel Andøya, wo hauptsächlich Fischer und Angehörige der dortigen Militärbasis leben.**

Mit etwas Glück kannst du schon von der Küste aus Wale und Robben beobachten. 2025 soll in Andenes das neue, futuristische Walzentrum *The Whale* eröffnen.

ZIELE AUF ANDØYA

12 ANDENES ★

Umrahmt von einer Gebirgswand und schneeweißen Stränden, dem blaugrünen Nordmeer schutzlos ausgesetzt, liegt der Hauptort (2700 Ew.) von Andøya. Andenes lebt von der Walsafari (s. Rubrik „Sport & Spaß"). Wer lieber an Land bleiben möchte, den laden die kilometerlangen Sandstrände zu einem Spaziergang ein. Als Ziel kannst du den *Leuchtturm* anpeilen – nach 148 Stufen erwartet dich oben ein grandioser Ausblick übers Meer.

13 RAUMSCHIFF AURORA

Hättest du gewusst, dass sich ausgerechnet hier das Zentrum der norwegischen Raumfahrt befindet? Aber nicht nur das: Im Erlebniszentrum kannst du die unendlichen Weiten des Weltraums erkunden und mehr über das Nordlicht erfahren. *„Raumfahrtmission" ab 300 NOK, Kinder und Jugendliche (10–16 Jahre) 300 NOK, am besten online kaufen | spaceshipaurora.no | 1 Std.*

ESSEN & TRINKEN

ARRESTEN

In der rauen Umgebung von Andenes erscheint dieses Restaurant wie eine warme, gemütliche Oase. Natürlich sind die Fischgerichte, allen voran *Fish 'n' Chips,* hier der Renner. Wer's besonders traditionell mag, sollte das Carpaccio aus Klippfisch mal probieren – norwegischer wird's nicht mehr. *Prinsensgate 6 | Andenes | facebook.com/arresten.no | €€*

Ganz in seinem Element: Schwertwale sind auch im Nordmeer zu Hause

SHOPPEN

ALVELAND BUTIKK & CAFÉ

Schon gleich am Eingang empfängt dich der wohlige Duft selbst gemachter Seifen. Die Zutaten, wie beispielsweise Moltebeeren, Brennesseln oder Ziegenmilch, findet Seifenköchin Rita direkt auf der Insel. Im angrenzenden Café kannst du dich mit hausgebackenem Kuchen stärken. *Juni–Aug. Do–So 11–16 Uhr | Dverberg | alveland.no*

SPORT & SPASS

WHALEWATCHING

Vom Walzentrum in Andenes aus werden Ausflüge zur Schelfkante durchgeführt, wo im Sommer bis zu 18 m lange Pottwale weiden und auch regelmäßig zum Fototermin auftauchen. *20. Juni–20. Aug. tgl. 11, 12, 16 und 17 Uhr | ab Hafen | Dauer 2–4 Std. | 1240 NOK | Tel. 76 11 56 00 | whale safari.com*

RUND UM ANDØYA

14 HURTIGRUTEMUSEET

128 km/2 Std. von Andenes (per Auto über Fylkesvei 82)

Richard With, „Vater" der Hurtigruten, kam aus Stokmarknes. Dort hat die *MS Finnmarken* von 1956 festgemacht – als Museum. *Sommer tgl. 9–18 Uhr | Eintritt 225 NOK | hurtigrutemuseet.no | 1 Std. | F6*

15 AKVAKULTUR VESTERÅLEN

128 km/2 Std. von Andenes (per Auto über Fylkesvei 82)

In Blokken kannst du dir eine Fischfarm aus der Nähe anschauen. Zum geführten Bootstrip raus aufs Wasser gehört eine Lachsverkostung aus der eigenen Produktion. *Mo–Fr 10–16 Uhr | nur vorbestellte Tickets ab 150 NOK, Kinder 60 NOK | Tel. 95 88 18 22 | akvakulturivesteralen.no | 1 Std. | F6*

TROMS

ARKTISCH VERZAUBERND

Man kann nicht unbedingt behaupten, dass es hier oben einsam ist. Es kommt einfach auf den Blickwinkel an. Wer nach Norden schaut, weiß, dass jetzt nicht mehr viel kommen kann, dreht man sich in die andere Richtung, freut man sich, dass man nicht allein ist.

In der Universitätsstadt Tromsø etwa hat man das Gefühl, auf einer großen Studentenparty gelandet zu sein. Egal ob Mitternachtssonne oder Polarnacht – überall wimmelt es von jungen Menschen, die

Küste mit Ausblick: Der kleine Leuchtturm hat einen Platz in der ersten Reihe

nach Feierabend in die Kneipen und Restaurants strömen. Wer hier studiert, liebt den Charme dieses „Paris des Nordens", wie die Polarfahrer die Stadt einst nannten.

Ein ganz anderes Bild begegnet dir nur wenige Kilometer außerhalb: Durch die niedrige Baumgrenze wirkt das Landesinnere fast kahl. Nur gelegentlich durchziehen Flüsse wie schmale Adern die Landschaft, und auf den Inseln weit draußen tauchen Sandstrände und Fischerdörfer auf.

TROMS

MARCO POLO HIGHLIGHTS

★ **TROMSØ**
Ausgehlaune und Mitternachtssonne: Im Sommer geht hier keiner gern ins Bett ➤ S. 114

★ **LYNGSALPEN**
Offskitouren in magischer Schneelandschaft ➤ S. 117

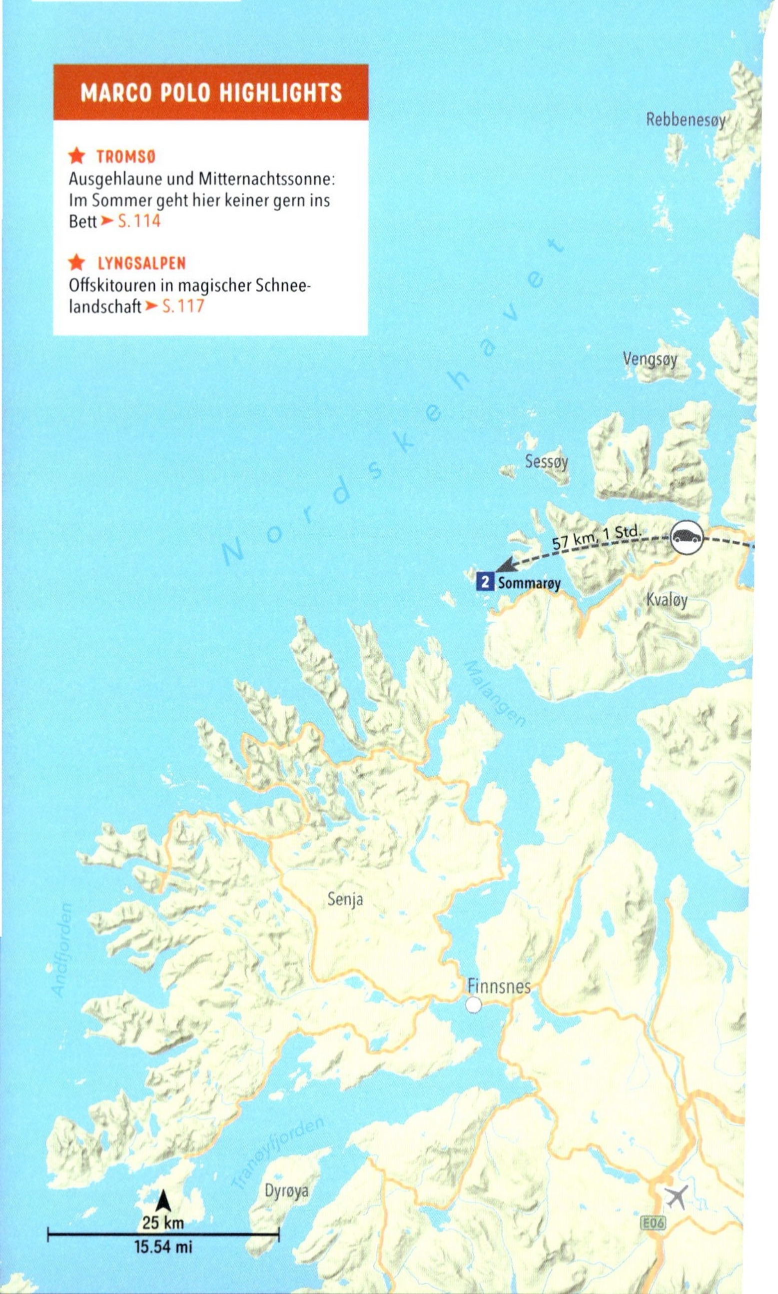

Lopphavet
Fugløya
Nordkvaløya
Helgøy
Vanna
Arnøy
Kågen
Reinøy
Ringvassøy
Uløya
Grøtsundet
Ullsfjorden
Lyngen
E06
Tromsø
S. 114
70 km, 1 Std.
3 Lyngsalpen
E08
Balsfjorden
E08
1 Vollan Gjestestue
NORGE
SUOMI
SVERIGE

TROMSØ

(📖 G5) **Voll cool! ★ Tromsø (78 000 Ew.) ist wie ein pulsierender Lichtreflex im ansonsten kargen Norden.**

Eine lebendige Musikszene, feuchtfröhliche Kneipenkultur – die Stadt am Eismeer ist ein Ausgehmagnet für das meist junge Publikum, das zum Studieren an die nördlichste Universität der Welt zieht. Es kann vorkommen, dass der Schnee bis Mitte Mai liegen bleibt, kurz danach zeigt sich erstmals die Mitternachtssonne, die hier vom 23. Mai bis zum 23. Juli scheint. Grund genug, auch spät am Abend noch unter freiem Himmel zu sitzen – zur Not warm eingepackt.

SIGHTSEEING

FJELLHEISEN (SEILBAHN)

Die Gondeln „Robbe" und „Eisbär" bringen dich in nur vier Minuten auf den Hausberg *Storsteinen* (421 m). Dann der Blick auf die Stadt und die Öffnung zum Polarmeer: ein absoluter Spucke-weg-Moment! *Tgl. 9–24 Uhr zu jeder halben Stunde | 320 NOK | fjellheisen.no | ⏲ 1 Std.*

ISHAVSKATEDRALEN

Schon von der Innenstadt aus sieht man die gläserne „Eismeerkathedrale" – spazier am besten über die Stadtbrücke (Tromsø bru) dorthin. Besonders imposant ist das Glasmosaik an der Ostwand. Nimm dir auch Zeit für eines der *Mittsommernachtskonzerte,* die nach einer Pause wieder an-

TROMSØ

Das Polarmuseet am Hafen von Tromsø führt auf Entdeckungsreisen ins Eismeer

geboten werden sollen. Orgel und Akustik sind wirklich beeindruckend. *Mai–Aug. Mo–Sa 9–18, So 13–18 Uhr | Eintritt 55 NOK | ishavskatedralen.no | 45 Min.*

PERSPEKTIVET MUSEUM

Wie hart war das Leben am Rand der Arktis, wie wichtig war die Fischerei, wie lebten die Kaufleute? Wer Nordnorwegen verstehen will, sollte sich für die Ausstellungen in dem denkmalgeschützten Gebäude viel Zeit nehmen. *Di–Fr 10–16, Sa/So 11–17 Uhr | Eintritt 50 NOK | Storgata 95 | perspektivet.no | 1 Std.*

POLARMUSEET

Norwegens Polargeschichte, Expeditionen sowie die Robben- und Eisbärenjagd sind die Themen im Polarmuseum, das zwischen den alten Hafenspeichern liegt. *Im Sommer tgl. 9–17 Uhr, sonst kürzer | Eintritt 100 NOK | Søndre Tollbodgate 11 | polarmuseum.no | 1 ½ Std.*

POLARIA

Ein phantastisches Info- und Erlebniszentrum: Neben dem Panoramakino mit einem Film über die Polargebiete sind ein Aquarium und ein Seehundbecken zu sehen. Außerdem gibt es Ausstellungen zur Polarforschung. *Im Sommer tgl. 10–17, sonst 10–16 Uhr | Eintritt Erwachsene 210 NOK, Kinder 105 NOK | Hjalmar Johansensgate 12 | polaria.no | 1 ½ Std.*

ESSEN & TRINKEN

EMMAS DRØMMEKJØKKEN

INSIDER-TIPP Prominentes Gratin

Emma heißt eigentlich Anne Brit, ihr Fischgratin ist aber original und legendär und war sogar mal eine Challenge bei Tim Mälzers „Kitchen Impossible". Erst probieren, dann mit dem Rezept aus dem Internet nachkochen. *Kirkegata 8 | Tel. 77 63 77 30 | emmasdrommekjokken.no | €€*

HILDR

Im Hildr solltest du unbedingt *skreiviche,* die kalte Variante des südamerikanischen *ceviche* mit Skrei (Dorsch), probieren. Solche Geschmacksexplosionen würde man hier gar nicht erwarten. Die Atmosphäre ist kuschelig, und auch sonst fühlst du dich hier sofort wohl. *Skippergata 11 | Tel. 94 09 62 47 | hildr.no | €€*

SKARVEN

Perfekt für einen langen Abend: Er kann im Steakrestaurant *Biffhuset (€€)* oder im Fischrestaurant *Arctandria (€€€)* beginnen, in der Kneipe *Kroa (€)* fortgesetzt und in der Cocktailbar im Keller abgeschlossen werden. *Strandtorget 1 | Tel. 77 60 07 20 | skarven.no*

SHOPPEN

In den kunstvollen Produkten der Glasbläserei *Blåst (Peder Hansens gate 4 | blaast.no)* kommt das Licht des Nordens gut zur Geltung. Traumhaft schöne Schmuckstücke in rauem skandinavischem Stil gibt's bei *Wabi Sabi (Peder Hansens gate 4B | wabisabi.no).*

Die Wolle, die man im *Snarby Strikkestudio (Storgata 90)* findet, z. B. von Raumaull, Sandnes Garn und Hillesvåg Wollfabrik, schätzt auch Tromsøs Modedesignerin Nina Skarra, die mittlerweile in New York arbeitet.

Was du ganz sicher nicht vergisst: Ausflug zum Nordlicht

SPORT & SPASS

Hunde- oder Rentierschlittenfahrten, Walsafaris, Expeditionen zum Nordlicht oder Snowboardtouren sind einmalige Erlebnisse. Angeboten werden sie u. a. von *lyngsfjord.com* und *polar adventures.de*.

Im *Tromsø Arctic Reindeer Senter (30 Min. vom Zentrum entfernt | trom soarcticreindeer.com)* kannst du dem Leben der samischen Ureinwohner nachspüren.

AUSGEHEN & FEIERN

BLÅ ROCK CAFÉ

Gelegentlich spielen hier Livebands, ansonsten legen sonntags DJs auf. Mo 22.30–2 Uhr ist Happy Hour. *Strandgata 14–16 | blarock.no*

MAGIC ICE

Zwar ploppen Eisbars auch in deutschen Städten überall auf, aber in Tromsø gewinnt das Ganze noch etwas mehr arktische Raffinesse. Eisschnitzereien erzählen norwegische Polargeschichte, die du dir bei einem coolen Drink so lange anschauen kannst, bis dir Eiszapfen an der Nasenspitze wachsen. *Kaiagata 4 | Tickets ab 255 NOK | Tel 41 30 10 50 | magicice.no*

ØLHALLEN PUB

Im ältesten Pub der Stadt können Bierfreunde aus 67 Sorten wählen. Natürlich unbedingt mal probieren: *Mack Øl*, das einzige in Tromsø gebraute Bier. *Storgata 4 | mack.no/ol hallen*

RUND UM TROMSØ

1 VOLLAN GJESTESTUE

70 km / 1 Std. von Tromsø (per Auto über E 8)

Norwegens Lkw-Fahrer sagen: Die beste Raststätte des Landes liegt dort, wo die E 6 und die E 8 aufeinandertreffen. Im Restaurant kommen Gerichte mit regionalen arktischen Zutaten auf den Tisch. *Nordkjosbotn | Tel. 77 72 23 00 | vollangjestestue.no | €€ |* *H5*

2 SOMMARØY

60 km / 1 Std. von Tromsø (per Auto über Fylkesvei 862)

Die Fahrt von Tromsø aus am Südufer der riesigen Insel Kvaløya entlang nach Westen ist ein Ausflug in die fruchtbaren Agrargebiete von Troms und zu dem wunderschönen Eiland Sommarøy. Glasklares Meer, weiße Strände und blühende Vorgärten: Hierher fahren viele Tromsøer an Sonnentagen – aus gutem Grund! *G5*

3 LYNGSALPEN ★

77 km / 1 ¾ Std. von Tromsø nach Lyngseidet (per Auto über E 8 und Fylkesvei 91)

Die arktische Schneelandschaft, die auf gleicher Breite wie Alaska und Grönland liegt, gilt als Tipp für Offskitouren und zieht Extremsportler magisch an. Weitab von Skiliftgedrängel und Hüttengaudi schätzen Puristen die unberührten Tiefschneepisten. Während der Abfahrt bleibt der Lyngenfjord am Fuß der Berge immer fest im Blick. *H5*

FINNMARK

VON EXTREMEN BEHERRSCHT

Eisige Winde treffen auf eisfreie Häfen, reißende Ströme münden in mächtige Fjorde. Myriaden von Mücken belagern Tausende stiller Bergseen.

Das ist die Finnmark: 48 000 km² groß und umgeben von der unwirtlichen Küste des Eismeers. Das Innere des Landes wird von einer karg bewachsenen Hochebene geprägt, auf der im Winter Zehntausende von Rentieren zu überleben versuchen. Die 76 000 Einwohner der Finnmark haben eine enge Beziehung zur Natur, die hier die

Die nördlichste Stadt der Welt? Bitte sehr: Hammerfest

verschiedensten Gesichter zeigt. Die Temperaturen schwanken zwischen 30 Grad über und 50 Grad unter null. Winterstürme schütteln die Häuser, im Sommer aalen sich die Menschen auf wunderschönen Sandstränden in der Sonne und kühlen sich dann und wann im Eismeer ab – das dann immerhin 14 Grad warm ist.
Die Mitternachtssonne lässt sich in Alta jedes Jahr vom 16. Mai bis zum 26. Juli sehen, am Nordkap ist sie sogar noch ein paar Tage länger zu erleben.

FINNMARK

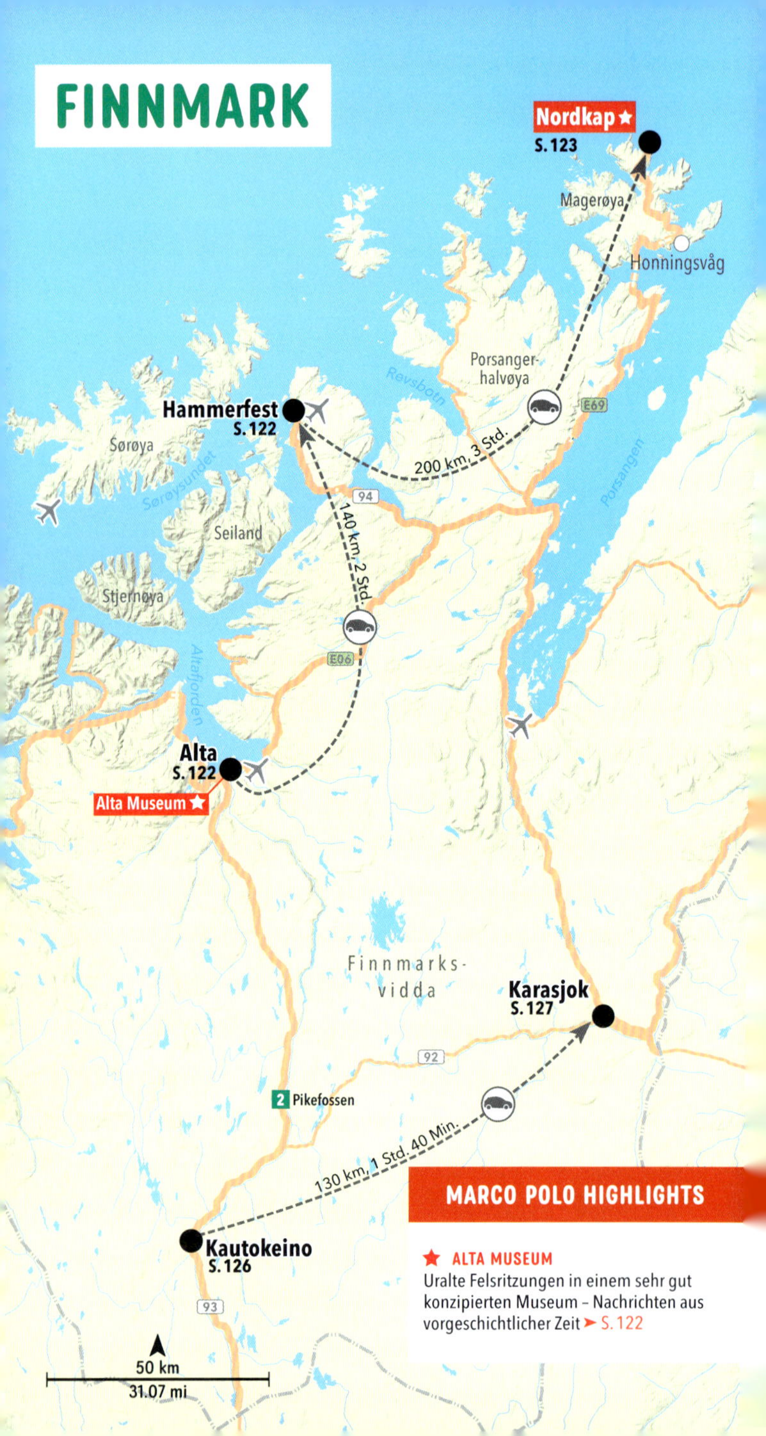

MARCO POLO HIGHLIGHTS

★ **ALTA MUSEUM**
Uralte Felsritzungen in einem sehr gut konzipierten Museum – Nachrichten aus vorgeschichtlicher Zeit ➤ S. 122

★ **NORDKAP**
Die Mitternachtssonne, die sich zum Meer herunterlehnt, aber es kaum berührt: ein unauslöschlicher Eindruck ➤ S. 123

★ **VARANGER**
Die gewaltige Halbinsel am Eismeer hat alles zu bieten, was das arktische Europa ausmacht ➤ S. 124

ALTA

(🕮 K2) **Am Südufer des mächtigen Altafjords liegt Alta (21 000 Ew.), die größte Stadt der Finnmark.**

Die Hochschule des Fylke ist hier angesiedelt, und es gibt einige Industriebetriebe und Steinbrüche. Aus der Finnmarksvidda kommt der Lachsfluss Altaelva herunter, der nach Passieren des Alta-Canyons in den Altafjord mündet.

SIGHTSEEING

ALTA MUSEUM ★

Was trieb die ersten Menschen an den Nordrand Europas? Wovon lebten sie und woran glaubten sie? Antworten geben die bis zu 7000 Jahre alten Felszeichnungen, die *helleristninger*. Auf dem 15 km langen Comicstrip aus der Urzeit findest du über 6000 Abbildungen mit unzähligen Tieren, Jagdszenen und mythischen Geschichten. Sehenswert sind auch die Ausstellungen zur Vorgeschichte der Finnmark im Alta Museum. *Anfang Juni–Ende Aug. tgl. 9–19 Uhr, sonst kürzer | Eintritt 135 NOK | alta.museum.no | ⏲ 2 Std.*

ESSEN & TRINKEN

DU VERDEN

Urig-urbanes Ambiente: Rentierfelle auf den Bänken und kreative Nordküche auf den Tellern. Spannend: Königskrabbe mit Chimichurrisauce. *Markedsgata 21 | Tel. 45 90 82 13 | duverden-alta.no | €€–€€€*

SPORT & SPASS

ALTA-CANYON

Der Weg zu Nordeuropas größtem Canyon ist nicht ganz leicht zu finden, aber die Anstrengungen wert. Von der *Gargia Fjellstue (gargia-fjellstue.norway-hotel.com)* fährst du ca. 11 km bis Sautso und dann noch etwa 4 km auf der alten Landesstraße (Schotterweg). Stell das Auto am höchsten Punkt *Beskades* ab und geh auf dem mit rotem „T" markierten Wanderweg die 7 km bis zum Rand der ca. 10 km langen Schlucht. Unbedingt gute Kleidung und Mückenspray einpacken! Beschreibung auch unter *ut.no/tur/2.5967.*

HALDDETOPPEN

Bei *Kåfjord* (20 km westlich von Alta an der E 6) beginnt der Aufstieg zum Gipfel des *Haldde* (904 m). 1898 entstand hier das weltweit erste Nordlichtobservatorium. Der Aufstieg erfordert Kondition, wird aber mit einer prachtvollen Aussicht über den Altafjord belohnt.

HAMMERFEST

(🕮 K1) **Glückwunsch, du bist in der nördlichsten Stadt der Welt! Fridtjof Nansen startete vom eisfreien Hafen aus seine Expeditionen.**

Heute prägt die Offshoreindustrie die Stadt: Das Gasfeld „Schneewittchen" in der Barentssee und die Raffinerie vor Hammerfest (11 200 Ew.) sorgen für Arbeitsplätze und Wohlstand für das ganze Land.

Die Felsritzungen im Alta Museum erzählen spannende Geschichten

SIGHTSEEING

GJENREISNINGSMUSEET

Beeindruckend wird im Wiederaufbaumuseum vermittelt, wie stark Hammerfest vom Zweiten Weltkrieg betroffen war und welche Aufbauleistung die Finnmarkinger erbrachten. *Sommer tgl. 10–16, sonst Mo–Fr 9–15, Sa/So 11–14 Uhr | Eintritt 80 NOK | Kirkegata 21 | kystmuseene.no | ⏲ 1 Std.*

MERIDIANSÄULE

Von hier bis zum Schwarzen Meer sind es 2820 km, die Meridianlinie zeigt dir den Weg. Das Denkmal von 1854 erinnert an die erste Vermessung der Erde.

ESSEN & TRINKEN

NIRI SUSHI & DINNER

Das nördlichste Sushirestaurant der Welt serviert ausgefallene Kreationen. Speziell: Sushi mit Rentierfleisch. *Storgata 22 | Tel. 45 50 02 00 | nirihammerfest.no | €€–€€€*

SHOPPEN

Bei *Vi4 (Kirkegata 8)* findest du Nordlichtseife und quietschbunte Handschuhe. Schau auch bei *Sirkka (Storgata 28)* rein, der Laden ist Verheißung: Schmuck, Mode und Interieur dort lassen die Kreditkarte heißlaufen.

NORDKAP

(🗺 L1) **Der nördlichste Punkt Europas ist das ★ Nordkap zwar nicht, aber ein großes Erlebnis allemal. Das 307 m hohe Felsplateau liegt 2163 km von Oslo entfernt auf der Insel Magerøy.**

Du erreichst die Insel durch einen 6,8 km langen Tunnel, 45 Minuten später bist du am Nordkap. In der riesigen *Nordkaphalle* gibt es Restaurants, Souvenirs, eine Panoramabar und eine kleine ökumenische Kapelle. Das wirkliche Schauspiel aber findet am nördlichen Horizont statt, wenn sich auf 71° 10′ 21″ geografischer Breite von Mai bis Juli weder Nebel noch Wolken vor die Mitternachtssonne schieben. Im Sommer wirst du hier selbst mitten in der Nacht nicht allein sein.

Hexenmahnmal in Varanger: Erinnerung an dunkle Zeiten

SIGHTSEEING

GJESVÆRSTAPPAN

INSIDER-TIPP
Gefiedertes Durcheinander

Kormorane, Papageitaucher, Möwen und Seeadler – das Spektakel, das sie auf dem Vogelfelsen veranstalten, solltest du aus der Nähe erleben. Fahrten veranstalten *Gjesvær Turistsenter (im Sommer tgl. dreimal | 890 NOK pro Person | Tel. 41 61 39 83 | birdsafari.com)* und *Roald Berg (tgl. | 780 NOK pro Person | Gjesvær | Tel. 95 03 77 22 | stappan.no).* *2 Std.*

KIRKEPORTEN

Die Wanderung zum Felsen „Kirchentür" ist nicht sehr anstrengend. Von hier aus hast du einen tollen Blick übers Nordmeer und in Richtung des Nordkaps. *Beginn bei Kirkeporten Camping in Skarsvåg*

VARANGER

(M–N 1–2) **Auf der Halbinsel ★ Varanger gibt es keine Bäume und kein Grün, nur viel Geröll.**
Der Knotenpunkt in der Ostfinnmark heißt *Tana Bru.* Überquer hier den Strom Tana, der bei Lachsanglern einen besonderen Ruf hat. Die Straße 890 führt nach Norden an die Barentssee. Dort liegen die Orte *Berlevåg* (135 km) und *Båtsfjord* (108 km). Bleib auf der 890 – die letzten 33 km, die *Eismeerstraße* zwischen Kongsfjord und Berlevåg, sind ein Traum: Sturm, Eis und Salzwasser haben die

Felsen bearbeitet, dazwischen tun sich Strandterrassen auf.

In Richtung Osten geht es von Tana Bru nach *Vadsø* (5500 Ew., 66 km) und *Vardø* (1900 Ew., 141 km). Die beiden Städte sind Schmelztiegel vieler Kulturen. Im 18. und 19. Jh. kamen die Kvenen aus Finnland hierher und suchten ihr Glück als Bauern, Fischer und Grubenarbeiter. Im Hafen von Vardø sind russische Fabrikschiffe vertäut, Zeugen des jahrhundertelangen Handels zwischen Norwegen und Russland.

SIGHTSEEING

VADSØ MUSEUM (ESBENSENGÅRDEN)

Hier wird die Kulturgeschichte der Finnland-Norweger (Kvener) gepflegt und vermittelt. Die Sammlungen sind in einem Patrizierhof von 1850 und einem typischen Kvener-Hof untergebracht. *Mitte Juni–Mitte Aug. tgl. 11–18 Uhr | Eintritt 100 NOK | Grensen 1 | Vadsø | varangermuseum.no | 1 Std.*

STEILNESET MINNESTED (HEXENMAHNMAL)

Kunst im Eismeer: Auf einer Landzunge am Rand von Vardø erinnern das 100 m lange, begehbare Mahnmal des Schweizer Architekten Peter Zumthor und das Minimuseum mit dem Werk „Brennender Stuhl" der französisch-amerikanischen Bildhauerin Louise Bourgeois an die Hexenverbrennungen des 17. Jhs. *Stets zugänglich | Eintritt frei | short.travel/nor13 | 45 Min.*

VARDØHUS FESTNING

Die 1734–38 erbaute Verteidigungsanlage in Vardø wird zwar von einem Kommandanten und vier Soldaten bewacht, ist aber nur noch Freilichtmuseum. Salutiert wird Mo–Sa um 12, So um 13 Uhr. *Tgl. 20–21 Uhr | Eintritt frei | Festningsgaten 20 | 45 Min.*

HAMNINGBERG

Das Fischerdorf, das von den Zerstörungen des Zweiten Weltkriegs verschont blieb, wird nur im Sommer bewohnt. Die Fahrt dorthin lohnt sich: ab Vardø 35 km Mondlandschaft links und Eismeer rechts. Oberhalb wunderschöner Strände sind Spuren von Bewegungen der Erdkruste zu erkennen.

INSIDER-TIPP
Fahrt entlang der Extreme

ESSEN & TRINKEN

HAVHESTEN RESTAURANT

Was darf es sein: Rentierfleisch? Oder lieber Kamtschatkakrabbe? Am besten bei Sonnenschein und direkt am Meer: auf der Halbinsel Ekkerøy, 15 km östlich von Vadsø. *Ende Juni–Mitte Aug. | Tel. 90 50 60 80 | ekkeroy.no | €€*

RUND UM VARANGER

1 SØR-VARANGER

140 km / 2 Std. von Tana Bru nach Kirkenes (per Auto über E 6)

Nach einer langen Fahrt Richtung Osten endet die E 6 in *Kirkenes*

(3500 Ew.). Hier wird im *Grenzlandmuseum (varangermuseum.no)* gezeigt, wie die Region in den Zweiten Weltkrieg verwickelt war. Sportliches Kontrastprogramm: Den Spaß einer *Huskytour (ab 2000 NOK | Tickets am besten vorher online buchen | snowhotelkirkenes.com)* solltest du dir wirklich nicht entgehen lassen. Im Winter mit Schlitten, im Sommer im Wagen – die rastlosen vierbeinigen Flitzern mit den stahlblauen Augen fliegen mit dir nur so durch die Landschaft.

Südlich der Stadt liegt das *Pasviktal*, der westlichste Ausläufer der sibirischen Taiga und Nationalpark. Ein dichter Urwald mit vielfältiger Flora lädt zu Wanderungen ein, wegen der Braunbären ist aber Vorsicht geboten. 40 km südlich von Kirkenes blickst du von der *Höhe 96* zum russischen Nikel hinüber. Vom Wasserfall *Skogfoss* sind es nur 50 m bis zur russischen Grenze. Ganz im Süden des Nationalparks zeigt ein Steinhaufen das Dreiländereck Russland-Finnland-Norwegen an (5 km vom Ende der Straße in *Noatun*). *M–N3*

KAUTOKEINO

(K3) **Kautokeino (knapp 3000 Ew.), die Hauptstadt der Samen, liegt rund 130 km südlich von Alta.**

Hier gibt es ein Samisches Theater und eine Samische Hochschule, und zu Ostern wird das große Volksfest *(samieasterfestival.com)* gefeiert: mit Familienfesten, Konzerten, Theater, Kunst, Schneescooter- und Rentierrennen.

SIGHTSEEING

JUHLS' SILVERGALLERY

Die Silberschmiede ist das Lebenswerk zweier Künstler, die samische Traditionen und moderne Kunst zusammenführen und ihre Eindrücke von Landschaften und Menschen der Finnmark vermitteln. *Im Sommer tgl. 9–20, sonst 9–18 Uhr | kostenlose Führungen | juhls.no*

ESSEN & TRINKEN

THON HOTEL KAUTOKEINO

Der rustikale Holzbau mit elegantem Interieur in warmen Farben fügt sich wunderbar in die Landschaft ein. Im Hotelrestaurant *Duottar* findest du auch samische Spezialitäten auf der Speisekarte. *Biedjovággeluodda 2 | Tel. 78 48 70 00 | thonhotels.no | €€€*

RUND UM KAUTOKEINO

2 PIKEFOSSEN

44 km/35 Min. von Kautokeino (per Auto über E 45)

Nördlich von Kautokeino stürzt dieser wunderschöne Wasserfall donnernd in Richtung Alta herab. Direkt an der Straße siehst du einen Rastplatz, in Flussnähe kannst du zelten.

KARASJOK

(🕮 L3) **Die Gemeinde mitten auf der Finnmarksvidda hat zwar nur 2700 Einwohner, ist aber ein politisches Zentrum im Sameland.** Hier befinden sich das Parlament (Sameting) und die umfangreichen Samischen Sammlungen. Karasjok liegt nur 18 km von der finnischen Grenze entfernt und ist auch deshalb ein Verkehrsknotenpunkt auf der Nordkalotte.

SIGHTSEEING

KARASJOK GAMLE KIRKE

Schon von Weitem zu sehen ist die 1807 erbaute Alte Kirche, die als einziges Gebäude in Karasjok den Zweiten Weltkrieg überstand. *Im Sommer tgl. 8–21 Uhr | ⏲ 20 Min.*

SAMISK KUNSTNERSENTER

Kunsthandwerk und Malereien samischer Künstler werden hier in einem hellen und stillen Gebäude präsentiert. *Di–Fr 10–16, Sa/So 11–16 Uhr | Eintritt frei | Suomageaidnu 14 | samidaiddaguovddas.no | ⏲ 1 Std.*

SHOPPEN

BOBLE GLASHYTTE

Die nördlichste Glasbläserei der Welt. Schlichtheit und matte Farben prägen die Gebrauchsobjekte, während die Kunstwerke der Inhaberin Tonje Tunold in Form und Farben deutlich mutiger sind. *Sápmi Park | boble glass.no*

Auf die Plätze: Rentierrennen beim Osterfestival in Kautokeino

ERLEBNIS TOUREN

Lust, die Besonderheiten der Region zu entdecken? Dann sind die Erlebnistouren genau das Richtige für dich! Ganz einfach wird es mit der MARCO POLO Touren-App: Die Tour über den QR-Code aufs Smartphone laden – und auch offline die perfekte Orientierung haben.

1 DURCH FJORDNORWEGEN

- Aus der Puste kommen am Preikestolen
- Tosende Momente am Wasserfall Låtefossen erleben
- Auf Hängepartie über den Hardangerfjord

Stavanger

Sognefjord

460 km

2 Tage, reine Fahrzeit 12 Stunden

Kosten: 210 Euro (Benzin, Maut, Fähren)
Mitnehmen: Wanderausrüstung (Wanderschuhe, Regenkleidung, Sonnenschutz, kleiner Rucksack)
Teile der Strecke sind sehr kurvenreich und schmal

In Oslo kannst du auf dem Dach des Opernhauses spazieren gehen

IM FRÜHTAU AUFS FELSPLATEAU

Los geht's in ❶ Stavanger ➤ S. 62. Du fährst zunächst südlich *nach Sandnes und dort auf die Straße 13 zur Fähre Lauvvik-Oanes*. Auf der anderen Seite biegst du *kurz vor Jørpeland rechts ab zur Preikestolshytta,* wo du mit strammen Schritten in etwa zwei Stunden das Felsplateau ❷ Preikestolen ➤ S. 63 erreichst. Die Aussicht über den Lysefjord ist für Frühaufsteher Belohnung pur. Mutige wagen sich auch noch auf den Kjeragbolten, den Monolithen, der 1000 m über dem Fjord in einer Felsspalte sitzt.

TAG 1

❶ Stavanger

65 km 2 ¼ Std.

❷ Preikestolen

50 km 2 Std.

TÄLER, WÄLDER UND DIE ERSTE FÄHRE

Fahr *weiter auf der Straße 13.* Ryfylke ist die Landschaft der Täler und Wälder, der schmalen, weit verzweigten Fjorde und der Gebirge, die bis ans südnorwegische Setesdal reichen. Mach in ❸ Årdal halt. Die Alte Kirche *(tgl. 9–19 Uhr)* ist ein Kleinod aus dem frühen 17. Jh. und bietet einen herrlichen Blick über Tal und Dorf. Nach der *Fährfahrt über den Jøsenfjord* bei Hjelmeland hast du nach wenigen Kilometern einen schönen Blick ostwärts in den Fjord, dann geht es nach einer kurzen Kletterpartie *zum schmalen Erfjord und weiter zum Sandsfjord.*

❸ Årdal

153 km 3 ½ Std.

WASSER ALS WEGWEISER …

Auf der Straße 13 bleibend geht es ins Gebirge. Die Teilstrecke am See Suldalsvatnet entlang führt dich für eine Weile von den Fjorden weg. Bei Breifonn trifft dein Weg auf die *E 134,* die nach Hardanger ➤ S. 64 führt. Die südliche Landmarke dieses traditionsreichen Feriengebiets ist der tosende Wasserfall 4 **Låtefossen**, der neben der Straße in den Fluss stürzt. *Orientier dich weiter nordwärts,* und nun ist es nicht mehr weit bis zu einer entspannten Übernachtung im 5 **Odda Hytte & Gjestegård** *(7 Zi., 1 Hütte | Jordalsvegen 11B | Odda | Tel. 99 27 23 63 | oddahytte.com | €).*

… UND ALS ENERGIEQUELLE

In 6 **Tyssedal** schaust du im **Kraftmuseet** *(Norwegisches Wasserkraft- und Industriemuseum | Anfang Juni–Anfang Sept. tgl. 10–17 Uhr, sonst kürzer | Eintritt 90 NOK | kraftmuseet.no)* vorbei. Das Kraftwerk ist ein prachtvolles Bauwerk aus der Zeit von 1900 bis 1920, als in Norwegen die Wasserkraft zur tragenden Säule der Energiegewinnung und Industrieentwicklung wurde.

4 **Låtefossen**
13 km 15 Min.
5 **Odda Hytte & Gjestegård**
8 km 10 Min.

TAG 2
6 **Tyssedal**
52 km 50 Min.
7 **Hardangerfjord**
33 km 35 Min.
8 **Voss**
13 km 15 Min.

9 **Tvindefossen**
30 km 30 Min.
10 **Vikafjellet**
32 km 2 ¼ Std.

RIESIGE BRÜCKE ÜBER DEN FJORD

Nach der Überquerung der gigantischen, 1300 m langen *Hängebrücke über den* 7 **Hardangerfjord** ➤ S. 64 ist bald 8 **Voss** erreicht. Der Wintersportort ist ein Eldorado für Extremsportler. Ein toller Rastplatz mit herrlichem Blick über die Bergwelt von Voss sind die Wiesen am Ufer des Sees Vangsvannet mitten im Ort.

WANDERSPASS UND EINE STABKIRCHE

Nachdem die Wassertreppen des 9 **Tvindefossen** passiert sind, beginnt bald der *Anstieg zum Pass* 10 **Vikafjellet**. Oben angekommen, mach auf einem Rastplatz im Südteil des Passes halt und brich für ein paar Stunden in die Bergwelt auf. Wieder im Auto, *biegst du kurz vor Vik links ab* zur um 1150 erbauten ⑪ **Stabkirche von Hopperstad (Hopperstad Stavkirke)** *(tgl. 10–17 Uhr | Eintritt 80 NOK)*, deren gotischer Altarbaldachin mit prächtigen Schnitzereien geschmückt ist. Auf der anderen Straßenseite steht die kleine ⑫ **Hove-Steinkirche** (2. Hälfte des 12. Jhs.), das älteste Gebäude der Region. Sie ist der letzte Stopp vor dem ⑬ **Sognefjord** ➤ S. 71, dem du jetzt *noch einige Minuten bis nach Vangsnes* folgst, wo die Fähren nach Hella fahren.

⑪ Stabkirche von Hopperstad
2 km 5 Min.
⑫ Hove-Steinkirche
9 km 10 Min.
⑬ Sognefjord

② NORWEGENS TRAUMKÜSTE

➤ **Durchs Loch gucken am Torghatten**
➤ **An Kräutern schnuppern bei Hildur im Garten**
➤ **Den „Sieben Schwestern" einen Besuch abstatten**

Start: Steinkjer
Ziel: Bodø
940 km
5 Tage, reine Fahrzeit 20 Stunden
Kosten: 275 Euro (Benzin, Fähren)
Infos zur Straße 17: *kystriksveien.no*

BERG MIT GUCKLOCH

Von ① **Steinkjer** *fährst du nordwärts bis zur Fähre Holm–Vennesund.* Vom Anleger in ② **Vennesund** ist aus der Ferne der Berg Torghatten zu sehen. Sein auffälliges Merkmal ist ein Loch, das einst vom Meer in den Fels gewaschen wurde. Bleib in Vennesund und genieß den Sonnenuntergang an der Küste Nordlands. Übernachten kannst du im **Vennesund Brygge og Camping** *(3 Rorbuer, 15 Hütten | Tel. 75 02 73 75 | vennesund.no | €)*.

TAG 1
① Steinkjer
204 km 3 ½ Std.
② Vennesund
47 km 45 Min.

Das Ziel am Tag darauf sind ③ **Brønnøysund** und der von Weitem bestaunte **Torghatten**. Der Berg liegt 15 km westlich auf einer Insel. Ein 20-minütiger Fuß-

TAG 2
③ Brønnøysund
39 km 1 Std.

weg führt dich an das 160 m breite und 35 m hohe Loch – ein traumhafter Ausblick und frische Seeluft erwarten dich hier.

KRÄUTER IM HOHEN NORDEN

8 km nördlich von Brønnøysund liegt auf dem Hof Tilrem der Kräutergarten ❹ **Hildurs Urterarium** *(Juni–Aug. tgl. 10–17 Uhr | hildurs.no)*. Der Polarkreis ist ganz nah, doch hier wird Kräutersuppe mit Zutaten aus eigenem Garten serviert. Nach 20-minütiger Überfahrt mit der *Fähre Horn–Anndalsvågen und 17 km schöner Küstenstrecke* gelangst du nach ❺ **Vevelstad** und ❻ **Forvik**. Am Fähranleger liegt der 200 Jahre alte Handelsplatz **Forvikgården**, ein Stück weiter stehen das **Heimatmuseum** und die **Kirche** (1796) mit einem Altarbild von Joseph Pisani.

POETISCHES PFARRHAUS

Die nächste Fähre benötigt eine Stunde bis Tjøtta. 19 km weiter liegt ❼ **Alstahaug**, das Herz von Nordland. Landeinwärts siehst du die Bergkette der „Sieben Schwestern". Fast am Seeufer liegt neben der Kirche aus dem 12. Jh. das Anwesen des Pfarrers und Dichters Petter Dass (1647–1707), nahebei das eindrucksvolle **Petter-Dass-Museum** *(Mitte Juni–Mitte Aug. tgl. 10–17 Uhr, sonst kürzer | Eintritt 120 NOK | petterdass.no)*. Eine gut 1000 m lange Hängebrücke ist die Landmarke der Fischereistadt ❽ **Sandnessjøen** (5300 Ew.). Plan zwei Übernachtungen im **Rica Hotel Syv Søstre** *(69 Zi. | Torolv Kveldulvsonsgate 16 | Tel. 75 06 50 00 | rica.no | €€)* ein, um die Inselwelt von Nordland zu erkunden.

ZWEI INSELN IM MEER

Du fährst mit dem *Linienschiff zu den beiden Trauminseln* ❾ **Lovund** ➤ S. 96 und ❿ **Træna** ➤ S. 95 – ein

❹ Hildurs Urterarium
28 km 45 Min.
❺ Vevelstad
2 km 5 Min.
❻ Forvik
35 km 1½ Std.
❼ Alstahaug
21 km 25 Min.
❽ Sandnessjøen
52 km 1 Std.
TAG 3
❾ Lovund
25 km 1½ Std.
❿ Træna
268 km 6½ Std.

Tagesausflug weit aufs Meer hinaus zu gastfreundlichen Menschen, die auch heute noch von der Fischerei leben, und zu Felsen mit riesigen Seevogelkolonien.

Mit Liebe zum Detail verzierte Tür am alten Pfarrhaus in Alstahaug

GLETSCHERABENTEUER

Nördlich von Sandnessjøen verkehrt die Fähre Levang–Nesna. Auf der Landseite rücken die Berge jetzt immer näher. Die einstündige *Fährfahrt Kilboghamn–Jektvik* ist wegen des imaginären Polarkreises etwas Besonderes. 28 km hinter Jektvik wartet bereits die *Fähre Ågskaret–Forøy.* Im Inneren des ⑪ **Holandsfjords** ist der **Engabreen**, ein Gletscherarm des **Svartisen** ➤ S. 95, fast bis ans Meer herangerückt. Mit einem Ausflugsschiff kommst du von Holand oder Braset an die faltigen Eismassen heran. Übernachten kannst du an der Mündung des Fjords mit Blick auf das Nordmeer bei **Furøy Camping** *(20 Hütten | Halsa | Tel. 94 19 13 15 | furoycamp.no | €).*

IDYLLISCHER HAFENORT UND GEWALTIGER GEZEITENSTROM

Nach *Durchquerung des Svartisen-Tunnels* gelangst du in den Industrieort Glomfjord und weiter nach Ørnes. 38 km nördlich machst du einen *Abstecher auf die Straße 838 nach* ⑫ **Gildeskål**, spazierst durch den kleinen Ort zu der vor 1250 erbauten **Kirche** *(Führungen in der Sommersaison)* und genießt die Ruhe, das Hafenidyll und den traumhaften Blick in alle Richtungen. *Zurück auf der Straße 17,* gelangst du zu den tosenden Wassermassen des ⑬ **Saltstraumen** ➤ S. 96. Wenige Kilometer hinter dem aus luftiger Höhe beeindruckenden Mahlstrom endet die Straße 17: *Bei Løding biegst du auf die Straße 80 ab,* und in ⑭ **Bodø** ➤ S. 92 endet diese Tour.

TAG 4

⑪ Holandsfjord

124 km 4 Std.

TAG 5

⑫ Gildeskål

67 km 2 ½ Std.

⑬ Saltstraumen

31 km 30 Min.

⑭ Bodø

❸ VON DER HAUPTSTADT ZUM WELTERBE

- Radeln auf dem Rallarvegen
- Norwegen aufs Dach steigen
- An der Bahnstation ein kühles Helles zischen

Oslo – Bergen

530 km, davon 82 km Fahrradtour – 2 Tage, reine Fahrzeit (Bahn) 8 Stunden

Kosten: 175 Euro (Zugtickets, Fahrradmiete)
Mitnehmen: Radfahrausrüstung (Helm!)
Radwanderstrecke wegen Schnee nur Mitte Juli bis Anfang September befahrbar, teils sehr steile Partien
Infos zu Reise/Buchung: *fjordtours.com* und *vy.no*

TAG 1

❶ Oslo
300 km 5 Std.

❷ Haugastøl
8 km 30 Min.

❸ Rallarvegen
19 km 1 ¼ Std.

❹ Finse
8 km 30 Min.

AB IN DIE BERGE UND RAUF AUFS FAHRRAD

Der Zug fährt morgens in ❶ Oslo ➤ S. 42 *vom Hauptbahnhof ab,* bringt dich durch Drammen und Hønefoss und ins waldreiche Tal Hallingdal. Von jetzt an geht es bergan – *bis zum Bahnhof* ❷ Haugastøl, der rund 300 km entfernt vom Oslofjord und 988 m höher als dieser liegt. Dort warten die gemieteten Fahrräder, und die erste Etappe des ❸ Rallarvegen ➤ S. 33 kann beginnen. Auf dem ersten Abschnitt der alten Baustraße entlang der Bergenbahn radelst du auf festem, nicht asphaltiertem Untergrund *von Haugastøl nach* ❹ Finse: Das „Dach Norwegens" in 1222 m Höhe ist erreicht. Bleib für eine Nacht im Finse Hotel *(43 Zi. | Tel. 56 52 71 00 | finse1222.no | €€€).* Nach einem Spaziergang am See kannst du die Terrasse mit Gletscherblick genießen.

TAG 2

❺ Hardangerjøkulen
46 km 3 Std.

Auf der *zweiten Etappe der Radtour* geht es zwar zumeist abwärts, doch weniger anspruchsvoll wird die Strecke dadurch nicht. Auch im Sommer kannst du noch auf Schneewehen stoßen, das Wetter hier oben ist launisch. Der Gletscher ❺ Hardangerjøkulen wacht über die Reisenden, manche Kurve erfordert größte Vorsicht – besonders *ab dem Hotel Vatnahalsen, wo der*

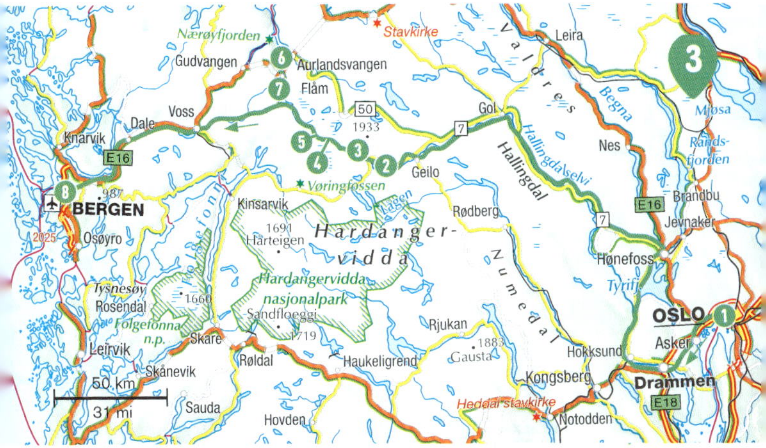

teils dramatische Abstieg ins Tal Flamsdålen beginnt. Auf den letzten 10 km legst du im Windschatten mächtiger Felswände einen Höhenunterschied von rund 800 m zurück, hier ist volle Konzentration notwendig.

BAHNFAHRT MIT 1000 TUNNELN UND KURVEN

In ❻ **Flåm** *bist du am Aurlandsfjord angekommen.* Am Endbahnhof der weltberühmten Flåmsbahn gibst du dein Fahrrad ab und bestellst in der **Mikrobrauerei Ægir** *(short.travel/nor5 | €)* zu deinem Lunch ein Craft Beer, das ein New Yorker und eine Norwegerin hier lecker brauen. Wenn noch Zeit bleibt, schau im **Flåmsbahn-Museum** *(tgl. | Eintritt frei)* im alten Stationsgebäude vorbei. Jetzt geht's durch 20 Tunnel und viele enge Kurven *mit der* ❼ **Flåmsbahn** ➤ S. 72 *wieder in die Berge.* Auf 20 km Strecke kämpft sich das elektrisch betriebene Gespann auf 865 m hoch. *In Myrdal steigst du in die Bergenbahn Richtung Bergen um.* Durch den Ort Voss, durch unzählige Tunnel und vorbei an weiteren Fjorden kommst du schließlich nach ❽ **Bergen** ➤ S. 65, wo du dich nach einem Tag voller Eindrücke erholen kannst. Ein feines Hotel mit guter Küche direkt am Bahnhof ist das **Grand Hotel Terminus** *(131 Zi. | Zander Kaaesgate 6 | Tel. 55 21 25 00 | grandterminus.no | €€).* Die Reise quer durch Südnorwegen ist hier zu Ende.

INSIDER-TIPP
Sich mit Craft Beer stärken

❻ **Flåm**
8 km 35 Min.

❼ **Flåmsbahn**
142 km 3 Std.

❽ **Bergen**

GUT ZU WISSEN

DIE BASICS FÜR DEINEN URLAUB

ANKOMMEN

ANREISE

Mit dem Auto: Auf der Route Hamburg–Oslo (Fahrtdauer 12 Std.) beträgt die Maut für die Brücken über den Großen Belt und den Øresund 99 Euro.

> **GRÜN & FAIR REISEN**
>
> Du willst beim Reisen deine CO_2-Bilanz im Hinterkopf behalten? Dann kannst du deine Emissionen kompensieren *(atmosfair.de; myclimate.org)*, deine Route umweltgerecht planen *(routerank.com)* oder auf Natur und Kultur *(gate-tourismus.de)* achten. Mehr über ökologischen Tourismus erfährst du hier: *oete.de* (europaweit); *germanwatch.org* (weltweit).

Bequemer ist die Fährverbindung Kiel–Oslo *(Fahrtdauer 19 Std. | Autopaket/Hochsaison für bis zu fünf Personen ab 534 Euro pro Strecke, inkl. Bett | colorline.de)*. Von Trelleborg fährst du auf der E 6 nach Oslo *(Fähre ab Travemünde | Fahrpreis ab 125 Euro hin und zurück | ttline.com)*. Stena Line fährt zwischen Kiel und Göteborg *(14 ½ Std. | Hochsaison ab 117 Euro | stenaline.de)*. Nach Westnorwegen bestehen Fährverbindungen *(fjordline.com)* von Hirtshals (Dänemark) nach Stavanger *(9 ½ Std. | ab 185 Euro im Autopaket)* und nach Bergen *(17 ½ Std. | ab 346 Euro hin und zurück, ohne Kabine)*. Preisgünstig und schnell kommst du übers Skagerrak mit den Schnellfähren von *Color Line (3 ¼ Std. | colorline.de)* oder *Fjord Line (2 ¼ Std. | fjordline.com)*, Autopakete gibt es ab 100 Euro.
Ein nützlicher Preisfinder ist *directferries.de*.

Die Hurtigruten-Schiffe fahren von Bergen nach Kirkenes und wieder zurück

Von Hamburg fährt die Bahn über Kopenhagen, Malmö und Göteborg nach Oslo (Fahrtdauer 13 Std., mindestens zweimal umsteigen). Für eine Skandinavienreise empfiehlt sich der *Interrail-Pass (z. B. 1 Monat 670 Euro/ Jugendliche 515 Euro, für 22 Tage 518 Euro/Jugendliche 398 Euro);* der *Ein-Land-Pass Norwegen* (gültig für 8 Tage) kostet 281 Euro (Jugendliche 243 Euro). Mit Interrail sind einige Bus- und Fährlinien gratis, auf mehreren Schiffs- und Busstrecken gibt es Ermäßigung.

Die Busfahrt kann in Hamburg beginnen, Zielort ist Oslo (15 Std.). Reiseplanung: *eurolines.com.* Alternativ kannst du auch von Berlin aus nach Oslo starten *(flixbus.de | einfache Strecke ab 78 Euro).*

Lufthansa und SAS bieten Direktflüge von Deutschland und Österreich nach Oslo an, Lufthansa auch nach Stavanger und Bergen (im Sommer). Norwegian unterhält Direktflüge aus Hamburg, München, Berlin und Düsseldorf nach Oslo. Über Kopenhagen fliegt SAS direkt nach Oslo, Kristiansand, Stavanger, Bergen und Trondheim. Ganzjährig gibt es außerdem Flüge mit KLM über Amsterdam nach Bergen und Stavanger.

KLIMA & REISEZEIT

Mit dem Klima ist es wie mit den norwegischen Landschaften: Es wechselt ständig und ist eher unberechenbar. Bei fast 1800 km Länge des Landes und einem mächtigen Gebirge als Wetterscheide verwundert es nicht, dass Osten und Westen, Norden und Süden nur sehr selten das gleiche Wetter haben. Atlantisches Tief im Süden, sibirisches Hoch im Norden – keine Seltenheit.

Sei beim Wandern im Hochsommer auf Regen und weichen Untergrund vorbereitet. Und achte darauf, dass auf Bootstouren auch bei Windstille Rettungswesten und Karten bzw. GPS mit an Bord sind!

ZOLL

Das Gepäck wird zwar bis zum Zielflughafen eingecheckt, muss aber am ersten norwegischen Flughafen von dir in Empfang genommen, durch den Zoll gebracht und an einem Inlandsschalter wieder aufgegeben werden. Nach Norwegen dürfen z. B. 2 l Bier, 1 l Spirituosen mit über 22 Vol.-% Alkoholgehalt und 1,5 l Wein sowie 200 Zigaretten eingeführt werden. Die Ausfuhr von Pflanzen und seltenen Tieren (dazu zählen auch Eier bedrohter Vogelarten) ist verboten, und es dürfen maximal 18 kg Fisch bzw. Fischprodukte pro Person bis zu zweimal pro Kalenderjahr ausgeführt werden *(toll.no)*.

Der Einkauf im Tax-Free-Geschäft lohnt sich: Über die Hälfte der 25 Prozent Mehrwertsteuer wird an der Grenze erstattet (beim Kauf um einen *Global Refund Cheque* bitten). Der Mindestkaufbetrag der Ware muss 1000 NOK (ohne Mehrwertsteuer) überschreiten, und die Ware muss originalverpackt sein.

Zollfrei bei der Rückreise in die EU sind unter anderem 200 Zigaretten und 1 l Spirituosen mit über (oder 2 l Getränke mit bis zu) 22 Vol.-% Alkoholgehalt sowie andere Waren bis zu einem Gesamtwert von 300 Euro (Flug-/Seereisende: 430 Euro). Für die Schweiz gelten andere Bestimmungen, wobei der Gesamtwert aller Waren 300 Franken nicht überschreiten darf. *zoll.de*

WEITER-KOMMEN

AUTO

Die Höchstgeschwindigkeit beträgt innerorts 50 (in Wohngebieten oft 30) km/h, auf Autobahnen 90, auf Landstraßen 80, für Gespanne 70 (ungebremst 60) km/h. Abblendlicht ist rund um die Uhr Pflicht. Die Promillegrenze liegt bei 0,2. Anschnallpflicht gilt für alle, Kinder unter vier Jahren sitzen in Spezialsitzen. Auf einspurigen Straßen zeigt ein „M" die Ausweichstelle an. Im Winter sind gute M+S-Reifen und Schneeketten ein Muss.

Informationen über gesperrte Straßen: Tel. 175 (Der Computer am Anfang spricht nur Norwegisch, nicht gleich auflegen!) oder *vegvesen.no/trafikk*

Pannenhilfe des Automobilclubs NAF: Tel. 08505

Unbemannte Mautstationen sind in Norwegen ein gewohntes Bild. Das *bompenger* liegt zwischen 10 und 160 NOK (bei Tunnels und Brücken). Vor den meisten Mautstationen wirst du dreisprachig über die Zahlungsmöglichkeiten informiert. Wer mit dem eigenen Pkw nach Norwegen fährt, muss rein formal nichts unternehmen: Der Fahrzeughalter bekommt nach einiger Zeit von *EPASS24* eine Rechnung zugeschickt. Das kostet allerdings immer den höchsten Tarif, ohne Rabatte. Wer sich einen Mautchip zulegt, beispielsweise bei *flytpass.no* oder *fremtindservice.no*, kann bis zu 20 Prozent Rabatt auf

FESTE & EVENTS
RUND UMS JAHR

JANUAR
Internationales Filmfestival Tromsø, *tiff.no*

FEBRUAR
Ice Music Festival (Geilo): Sphärische Klangprojekte aus und im Eis

MÄRZ/APRIL
Holmenkollen-Skifestival (Oslo), *skifest.no:* Internationaler Skiwettbewerb

Vossajazz (Voss), *vossajazz.no*

★ **Osterfestival** (Kautokeino und Karasjok), *samieasterfestival.com:* Samische Festwoche mit vielen Veranstaltungen von Konzerten bis zu Rentierrennen

MAI/JUNI
★ ⚑ **Nationalfeiertag** am 17. Mai (Foto)

Festspiele Bergen, *fib.no:* Musikfestival mit internationalen Topkünstlern

Nattjazz (Bergen), *nattjazz.no*

Mittelalterfestival (Oslo), *oslomiddelalderfestival.org*

JUNI
Mittsommernacht (Sankthans) am 23. Juni, mit Lagerfeuern im ganzen Land

JULI
Moldejazz (Molde), *moldejazz.no:* Weltweit bekanntes Jazzfestival

Schlacht von Stiklestad/Olsokdagene (Verdal), *stiklestad.no:* „Spiel vom heiligen Olav", der im Jahr 1030 seinen Kampf um die Krone mit dem Leben bezahlte

AUGUST
Norland-Musikfestival (Bodø), *musikkfestuka.no:* Klassik und Jazz

Sildajazz (Haugesund), *sildajazz.no*

Øyafestival (Oslo), *oyafestivalen.com:* Open-Air-Rockfestival

Notodden Bluesfestival, *bluesfest.no*

SEPTEMBER
Nuart-Festival (Stavanger)**,** *nuartfestival.no*: Streetart im Süden

By:LARM (Oslo), *bylarm.no:* Skandinavische Newcomer des Rock & Pop

Mautdurchfahrten und 10 Prozent bei Fährüberfahrten bekommen – das lohnt sich bei häufigen Fahrten. Weitere Informationen findest du auf *autopass.no.*

Vor allem in Städten wie Oslo oder Bergen sind Parkgebühren verhältnismäßig hoch, sie variieren je nach Parkzone für Benziner/Diesel (2–5 Euro/Std.) und Elektroautos (0,50–1,50 Euro/Std.). Strafzettel sollten vermieden werden. Wer z.B. seine Parkzeit überzieht, wird mit rund 65 Euro zur Kasse gebeten. Nicht erlaubt ist das Parken u.a. auf fünf Metern vor und hinter Einmündungen und Kreuzungen; hier werden bei Missachtung sogar 90 Euro Strafe fällig. Hilfreich sind Apps wie *Easypark* oder für Oslo *Bil i Oslo.* Mit ihnen kann man bequem Parktickets buchen oder verlängern und sich freie Parkplätze und Ladestationen für Elektroautos anzeigen lassen.

BAHN

Das Netz der nationalen Eisenbahngesellschaft *Vy (vy.no)* ist mit knapp 4300 km zwar nicht sehr eng geknüpft, doch besonders auf den Langstrecken macht das Zugfahren Spaß (großzügig gestaltete Großraumwagen, guter Sitz- und Schlafkomfort). Die einfache Fahrt Oslo–Bergen gibt es schon für 429 NOK, wenn man 60 Tage im Voraus bucht.

BUSSE

Norwegen hat viele Überland-, Regional- und Lokalbusse, die jeden Winkel des Landes anfahren (Verbindungen: *nor-way.no*).

FÄHREN

Die Fahrpläne der wichtigsten Fährgesellschaften findest du unter *norled.no, fjord1.no* (überwiegend für Westnorwegen), *atb.no* (Mittelnorwegen) und *boreal.no* (Nordnorwegen).

INLANDSFLÜGE

Die Dash 8 der Fluggesellschaft Widerøe landen selbst in den entferntesten Winkeln des Landes, SAS fliegt die größeren Flugplätze an. Vor allem für Reisen im Sommer lohnt sich die Suche im Internet: *flysas.no | norwegian.no | wideroe.no.*

IM URLAUB

FEIERTAGE

1. Jan.	Neujahr
6. April 2023, 28. März 2024, 17. April 2025	Gründonnerstag
7. April 2023, 29. März 2024, 18. April 2025	Karfreitag
10. April 2023, 1. April 2024, 21. April 2025	Ostermontag
1. Mai	Tag der Arbeit
17. Mai	Tag des Grundgesetzes (Nationalfeiertag)
18. Mai 2023, 9. Mai 2024, 29. Mai 2025	Christi Himmelfahrt
28. Mai 2023, 19. Mai 2024, 8. Juni 2025	Pfingstmontag
25./26. Dez.	Weihnachten (gefeiert wird ab dem 24. Dez. nachmittags)

GELD & KREDITKARTEN

In Norwegen ist das Zahlen mit Kreditkarte (Master Card, Visa) üblich, auch bei kleineren Beträgen. Wenn du dennoch gern Bargeld mit dir führen möchtest, hebst du es direkt an einem der zahlreichen Geldautomaten (Minibank) einfach mit deiner Kreditkarte ab. Nur wenige Automaten akzeptieren EC-Karten.

GESUNDHEIT

Fast alle Medikamente sind rezeptpflichtig. Ein deutsches Rezept nützt in Norwegen nichts, wichtige Medikamente gehören ins Reisegepäck. Kopfschmerztabletten und Nasentropfen gibt es auch an der Kasse von Lebensmittelläden. Wer zur Behandlung bei der *legevakt* (Arztstation) die Europäische Krankenversicherungskarte EHIC vorlegt, bezahlt wie die Norweger den Eigenanteil von 160 NOK (abends/nachts 280 NOK). Beim Zahnarzt wird zunächst komplett bezahlt (350–1500 NOK). Auch in Norwegen gibt es Zecken (Infos: *fit-for-travel.de*). Der Fuchsbandwurm ist dagegen nicht verbreitet, Heidel- und Moltebeeren können deshalb direkt vom Strauch genossen werden. Im Binnenland und auf der Finnmark sind ein Mückennetz und eine gute Mückensalbe erforderlich.

JEDERMANNSRECHT

Das *allemannsrett* erlaubt allen, sich in nicht kultivierter Landschaft – auch auf Privatgrund – frei zu bewegen und bis zu zwei Tage lang zu übernachten. Menschen, Tiere und Natur dürfen nicht gestört werden, der Abstand zum nächsten bewohnten Haus muss 150 m betragen. In einigen Nationalparks sind Teile des Rechts außer Kraft gesetzt.

WAS KOSTET WIE VIEL?

Cappuccino	ca. 4 Euro *für eine Tasse*
Wurst	ca. 3,50 Euro *gebraten, gebrüht oder gegrillt, an fast allen Tankstellen und im Imbiss*
Benzin	ca. 2,50 Euro *für 1 l Normalbenzin*
Pullover	ca. 100 Euro *für einen Norwegerpullover*
Bier	ca. 10 Euro *für 0,5 l vom Fass*
Mitbringsel	ca. 17 Euro *für eine kleine Trollfigur*

MEDIEN

Viele Hütten sind mit TV und Satellitenantenne ausgestattet. Im Autoradio gibt es nur auf der Mittelwelle deutschsprachige Sendungen. In den *Narvesen*-Kiosken in Oslo, Bergen und anderen größeren Städten beschränkt sich die Auswahl an deutschen Zeitungen auf zwei, drei Titel; auf dem Land wirst du nur im Sommer einen deutschen Titel finden.

ÖFFNUNGSZEITEN

Geschäfte haben meist Mo–Fr von 9 oder 10 Uhr bis 17 Uhr geöffnet, am Samstag oft kürzer. In den Städten haben sich die Öffnungszeiten der Supermärkte mittlerweile auf Mo–Fr 9–23, Sa bis 18 Uhr ausgedehnt. Auf dem Land ist es ratsam, sich in der Kernöffnungszeit Mo–Fr 9–17, Sa bis

15 Uhr mit dem Nötigsten einzudecken. Zur Not hilft auch das Warenangebot an zentralen Tankstellen – neben Würstchen und Hamburgern gibt es dort auch ein ausreichendes Angebot an Grundnahrungsmitteln.

INSIDER-TIPP
Würstchen statt Benzin

PREISE & WÄHRUNG

100 Norwegische Kronen (NOK) kosten rund 10 Euro oder rund 10 Schweizer Franken. Bei der Kaufkraft schneidet Norwegen schlecht ab, besonders bei Lebensmitteln. Richtig teuer ist Vergnügen: Für einen halben Liter Bier in der Kneipe bezahlst du mindestens 9 Euro, für ein gutes Essen 35 Euro und für die Flasche Wein zusätzlich 40 Euro. Einen Online-Währungsrechner findest du z. B. auf *oanda.com*.

TELEFON & HANDY

Alle Telefonnummern in Norwegen sind achtstellig, Ortsvorwahlen gibt es nicht. Die Vorwahl für Norwegen lautet 0047. Bei Auslandsgesprächen wählst du die Landesvorwahl (Deutschland 0049, Österreich 0043, Schweiz 0041) und die Ortsnetzkennzahl ohne die Null, dann die Teilnehmernummer. Am Handy wird für die Landesvorwahl nur „+" und die Landeskennzahl eingegeben (z. B. +49 nach Deutschland).

Norwegen verzeichnet mehr Handyabos als Einwohner, doch die Handymiete ist kompliziert und für Touristen nicht zu empfehlen. Mit dem Wegfall der Roaminggebühren ist anbieterübergreifendes Telefonieren zum normalen Inlandstarif kein Problem mehr. Als Mitglied des Europäischen Wirtschaftsraums hat sich Norwegen dieser EU-Verordnung angeschlossen. Das gilt auch für SMS, MMS und mobiles Datenvolumen.

Die wichtigsten Telefongesellschaften in Norwegen sind Telenor *(telenor.no)*, OneCall *(onecall.no)* und Telia (*telia.no)* (alle nur Norwegisch).

TRINKGELD

Gib nur Trinkgeld, wenn du mit dem Service zufrieden warst (bis zu 10 Prozent).

ÜBERNACHTEN

Im Sommer sind Hotelzimmer meist billiger als sonst, Hotelpässe wie der *Fjord Pass* sorgen für zusätzliche Rabatte. Auch ohne Pass solltest du nach Rabatten fragen. Ein Doppelzimmer kostet in Städten ohne Ermäßigung 900–1500 NOK pro Nacht, in kleineren Hotels und Pensionen durchschnittlich 850 NOK. Alle Hotels bieten Frühstücksbuffets an.

Außerhalb der Städte sind *gjestgiveri, pensjon* und *fjellstue* günstige Unterkünfte. Hütten gibt es in allen Standards: Die einfachsten für vier bis sechs Personen kosten in der Nebensaison ab 4000 NOK pro Woche (in der Hauptsaison bis 10 000 NOK). Für die einfachste Campinghütte bezahlt man 350 NOK pro Nacht, für größere mit Bad und Küche bis 1400 NOK. *Hüttenvermittlung: Novasol GmbH (novasol.de)*

Ein urnorwegisches Quartier an der Küste sind die *rorbuer*, Fischerhütten direkt am Wasser. Du findest sie zu-

hauf auf den Lofoten – und wer einmal dort ist, sollte sich in einem der bekanntesten Fischerdörfer der Inselgruppe einquartieren: in *Henningsvær (Tel. 76066000 | henningsvaer-rorbuer.no)*. Wer nicht so weit fahren möchte, findet beispielsweise auf der Insel Sotra vor Bergen eine schöne Rorbu-Anlage: *Glesvær Rorbu (Tel. 97110336 | glesver-rorbu.no)*.
Es gibt in Norwegen rund 70 Jugendherbergen *(vandrerhjem)*. Das Bett kostet pro Nacht ab 250 NOK für Mitglieder, Nichtmitglieder zahlen 25 NOK mehr. Für das Frühstück oder Lunchpaket bezahlst du 50 NOK. Nähere Informationen bekommst du unter *hihostels.no (Haraldsheimveien 4 | Postfach 53 | Grefsen | 0587 Oslo | info@hihostels.no)*.

NOTFÄLLE

DIPLOMATISCHE VERTRETUNGEN

– *Deutsche Botschaft: Oscars gate 45 | Oslo | Tel. 23275400 | in dringenden Notfällen: Bereitschaftsdienst Tel. 90850802 (Mo–Do 16–24, Fr 13–24, Sa/So 8–24 Uhr) | oslo.diplo.de*
– *Österreichische Botschaft: Thomas Heftyes gate 21 | Oslo | Tel. 22540200 | bmeia.gv.at/oeb-oslo*
– *Schweizer Botschaft: Oscars gate 29 | Oslo | Tel. 22542390 | eda.admin.ch/oslo*

NOTRUF

Polizei Tel. 112
Feuerwehr Tel. 110
Medizinische Nothilfe Tel. 113

WETTER IN OSLO

Hauptsaison (Mai–Sept.)
Nebensaison (Jan.–April, Okt.–Dez.)

	JAN.	FEB.	MÄRZ	APRIL	MAI	JUNI	JULI	AUG.	SEPT.	OKT.	NOV.	DEZ.
Tagestemperaturen	-2°	-1°	4°	10°	16°	20°	22°	21°	16°	9°	3°	0°
Nachttemperaturen	-7°	-7°	-4°	1°	6°	10°	13°	12°	8°	3°	-1°	-4°
Sonnenschein Stunden/Tag	2	3	4	6	7	8	7	7	5	3	1	1
Niederschlag Tage/Monat	8	7	5	7	7	10	11	11	10	10	12	10
Wassertemperatur in °C	3	2	3	5	9	13	16	17	15	11	7	5

Sonnenschein Stunden/Tag   Niederschlag Tage/Monat   Wassertemperatur in °C

SPICKZETTEL NORWEGISCH

SMALLTALK

ja/nein/vielleicht	ja/nei/kanskje	**ja/näi/kansche**
bitte	(bittend:) Vær så snill./ (anbietend:) Vær så god.	**wär schoh snill/ wär schohg u**
danke	Takk.	**tak**
Gute(n) Morgen!/Tag!/ Abend!/Nacht!	God morgen!/dag!/ kveld!/natt!	**gu morn/gu dag/ gu kwäll/gu natt**
Hallo!	Hei!	**hai**
Tschüss!/Auf Wiedersehen!	Ha det!	**ha de**
Ich heiße …	Jeg heter …	**jäi hehter**
Wie heißt du?/ Wie heißen Sie?	Hva heter du?	**wa hether dü**
Ich komme aus …	Jeg er fra …	**jäi er fra**
Entschuldige!/ Entschuldigen Sie!	Unnskyld.	**ünnschüll**

ZEIGEBILDER

ESSEN & TRINKEN

Reservieren Sie uns bitte für heute Abend einen Tisch für vier Personen.	Vi vil gjerne bestille et bord for fire personer til i kveld.	**wi will järne bestille ät bur for fire persuner till i kväll**
Die Speisekarte, bitte.	Kan jeg få menyen?	**kann jäi fo menüen**
Könnte ich bitte … haben?	Kunne jeg få …?	**künne jäi fo**
Salz/Pfeffer/Zucker	salt/pepper/sukker	**salt/päpper/sucker**
Essig/Öl	eddik/olje	**äddick/ulje**
Milch/Sahne/Zitrone	melk/fløte/sitron	**mälk/flöte/sitrun**
mit/ohne Eis	med/uten is	**meh/üten ihs**
Vegetarier(in)/Allergie	vegetarianer/allergi	**wegetarianer/allergi**
Ich möchte zahlen, bitte.	Jeg vil gjerne betale.	**jäi will järne betale**
bar/Kreditkarte	kontant/kredittkort	**kontant/kreditkurt**
Bäckerei/Supermarkt	bakeri/supermarked	**bakeri/süpermarked**

NÜTZLICHES

Wo ist …?/Wo sind …?	Hvor er …?	**wur är**
Wie viel Uhr ist es?	Hva er klokken?	**wa ähr klocken**
heute/morgen/gestern	i dag/i morgen/i går	**i dag/i morn/i gohr**
Wie viel kostet …?	Hva koster … ?	**wa koster**
Wo finde ich einen Internetzugang/WLAN?	Hvor er nærmeste internettilgang/ internettilkobling?	**wur er närmeste internetttilgang/ internettilkobling**
offen/geschlossen	åpent/stengt	**ohpent/stängt**
rechts/links	høyre/venstre	**höire/wänstre**
Apotheke/Drogerie	apotek/parfymeri	**apothek/parfümeri**
Fahrplan/Fahrschein	rute/billett	**rüte/bielett**
kaputt/funktioniert nicht	ødelagt/fungerer ikke	**ödelagt/fungerer icke**
Werkstatt	verksted	**wärksted**
Verbot/verboten	Forbud/forbudt	**forbütt**
Hilfe!/Achtung!	Hjelp!/Pass på!	**jälp/pass po**
0/1/2/3/4/5/6/7/8/9/ 10/100/1000	null/en/to/tre/fire/ fem/seks/sju; syv/ åtte/ni/ti/hundre/ ettusen	**nüll/ehn/tu/tre/ fiehre/fähm/seks/ schü; süw/otte/nie/ tie/hündre/ettüsen**

URLAUBS FEELING

ZUM EINSTIMMEN & AUSKLINGEN

LESESTOFF & FILMFUTTER

STERBEN, LIEBEN, SPIELEN, LEBEN, TRÄUMEN, KÄMPFEN

Karl Ove Knausgård ist mit seinem sechsbändigen, 2017 abgeschlossenen Romanzyklus ein großartiger Wurf zeitgenössischer Literatur gelungen. Nicht: „Soll ich das lesen?", sondern: „Wann soll ich das lesen?" ist hier die Frage

SCHNEEMANN

Starautor Jo Nesbø jagt mit diesem packenden Kriminalroman (2007) garantiert Gruselschauer über den Rücken. Danach siehst du Oslo mit anderen Augen …

KILL BILLY

Harold (Bjørn Sundquist) fühlt sich um sein Lebensglück betrogen und plant aus Rache die Entführung des Ikea-Gründers Ingvar Kamprad. Wie dilletantisch er dabei vorgeht, zeigt diese schaurig-skurrile Komödie (2016, Regie: Gunnar Vikene)

TROLLJÄGER

Wer geglaubt hat, dass es in Norwegen keine Trolle gäbe, ist mit diesem Film (2011, Regie: André Øvredal) eines Besseren belehrt worden. Der Streifen über die knorrigen Riesen lässt dich schaudern, aber auch lachen

PLAYLIST QUERBEET

0:58

BJØRN EIDSVÅG – MYSTERIET DEG
Klingt wie Reinhard Mey, nur auf Norwegisch und mit ein bisschen mehr Pep

KINGS OF CONVENIENCE – MISREAD
Leider mittlerweile aufgelöste Band aus Bergen, deren unvergesslicher Sound glücklicherweise noch weiterlebt

DUMDUM BOYS – SPLITTER PINE
Eingängiger norwegischer Rock, der in keiner Kneipe fehlen darf

MÁDDJI – DAWN LIGHT
Samische Texte und Melodien in modernem Sound direkt aus der Sami-Hochburg Kautokeino

ALEXANDER RYBAK – FAIRYTALE
Mit Volkstanz und Hardangerfiedel gewann er die Herzen beim Eurovision Song Contest 2009

Den Soundtrack zum Urlaub gibt's auf **Spotify** unter **MARCO POLO Norway**

Oder Code mit Spotify-App scannen

AB INS NETZ

YR
Unschlagbar treffsicher sind die Wettervorhersagen und Regenprognosen von *yr.no*. Als App praktisch auf Reisen

TAXINÅ!
Egal wo du dich in Norwegen befindest, mit dieser App kannst du von überall ein Taxi rufen

NRKTV – HURTIGRUTE MINUTT FOR MINUTT
Für diese Reise musst du nicht mal vom Sofa aufstehen. Auf manche wirkt die Fahrt mit dem Hurtigruten-Schiff entlang der Küste einschläfernd, auf die anderen tiefenentspannend

A FROG IN THE FJORD
In ihrem englischsprachigen Blog hält Lorelou Desjardins – eine Französin in Norwegen – alles fest, worüber sie sich im hohen Norden wundert

YLVIS – THE CABIN
Norweger mal durchgeknallt und unangepasst: Die Ylvis-Brüder nehmen in ihrem selbstironischen Musikvideo die Hüttenleidenschaft ihrer Landsleute kräftig aufs Korn (auf Youtube)

TRAVEL PURSUIT

DAS MARCO POLO URLAUBSQUIZ

Weißt du, wie Norwegen tickt? Teste hier dein Wissen über die kleinen Geheimnisse und Eigenheiten von Land und Leuten. Die Lösungen findest du in der Fußzeile. Und ganz ausführlich auf den S. 18–23.

❶ Welche Motive zieren die Stabkirchen?
a) Elche und Rentiere
b) Drachen und Schlangen
c) Kobolde und Trolle

❷ Was ist neben Öl und Gas der zweite lukrative Wirtschaftszweig der Norweger?
a) Norwegerpullover
b) Fichtenholz
c) Fisch aus Aquakultur

❸ Was ist König Haralds Lieblingssport?
a) Segeln
b) Bogenschießen
c) Minigolf

❹ Was sind die Nationalfarben der Samen?
a) Rot, Blau, Gelb, Grün
b) Gelb, Rosa, Grün, Weiß
c) Blau, Schwarz, Gelb, Orange

❺ Wie nennt man das Nordlicht in der Fachsprache?
a) Aureola borealis
b) Aurora borealis
c) Aurora borealia

❻ Hinter welchem Namen versteckt sich keine norwegische Band?
a) Röyksopp
b) Kygo
c) Nylo

Lösungen: 1b, 2c, 3a, 4a, 5b, 6c, 7b, 8a, 9c, 10c, 11a, 12c

Prächtig, die Stabkirche von Røldal. Doch womit sind die alten Holzbauten verziert?

7 Was ist „Korleis"?
a) eine Weggabelung auf dem Fjell
b) das Fragewort „wie" auf Nynorsk
c) ein schmackhafter kleiner Fisch

8 Wie heißt Jo Nesbøs Osloer Kommissar?
a) Harry Hole
b) Ole Nordmann
c) Jesper Bringe

9 Was waren die Hurtigruten-Schiffe ursprünglich?
a) Eisbrecher
b) Expeditionsschiffe
c) Postschiffe

10 Zwischen welchen Städten pendeln die Hurtigruten-Schiffe?
a) Oslo und Bergen
b) Stavanger und Ålesund
c) Bergen und Kirkenes

11 Wo befindet sich das Forschungsschiff Fram von Fridtjof Nansen?
a) auf der Museumsinsel Bygdøy in Oslo
b) im ewigen Packeis
c) im Garten eines US-Unternehmers mit norwegischen Wurzeln

12 Woher bezieht Norwegen zu fast 99 Prozent seinen Strom?
a) aus Windkraft
b) aus Atomenergie
c) aus Wasserkraft

REGISTER

BLOSS NICHT!

FETTNÄPFCHEN UND REINFÄLLE VERMEIDEN

PROMILLE-PROVIANT HAMSTERN

Teurer Alkohol? Nicht mit dir! Du sorgst für deinen eigenen Vorrat und bunkerst Bier, Wein und Co. im Kofferraum. Keine gute Idee – erkundige dich lieber vorher auf *toll.no* nach der erlaubten Einfuhrmenge.

DIE NATUR UNTERSCHÄTZEN

Im Berg verlaufen? Bei der Bootstour abgetrieben? Norwegens Natur ist kein Freizeitpark – sie ist aufregend, aber auch gefährlich. Informier dich, plan deine Ausflüge gut und hör vor allem auf den Rat von Einheimischen.

ES EILIG HABEN

Drängeln ist in Norwegen verpönt, vordrängeln erst recht. Hier gilt die Devise *Ta det med ro* (sachte, sachte). Wo viel Andrang herrscht, regelt ein *kølapp*-System (mit Warteschlangennummern) die Warterei. Wenn man dann endlich selbst an der Reihe ist, lässt man sich gern alle Zeit der Welt. Natürlich.

MIT DEUTSCH VORPRESCHEN

Norwegisch hat zwar ein paar Ähnlichkeiten mit dem Deutschen, ist aber trotzdem eine andere Sprache. Den Kontakt stellst du besser mit Englisch her. So bleiben beide Gesprächspartner auf neutralem Terrain und auf Augenhöhe.

ANGELN OHNE AUGENMASS

Du angelst gern? Dennoch solltest du nur so viel Fisch fangen, wie es die Ausfuhrbeschränkungen zulassen (s. Kapitel „Gut zu wissen"). Gerade während der Saison sind die Kontrollen an den Grenzen besonders scharf, die Strafen empfindlich.

LOB ODER KRITIK? WIR FREUEN UNS AUF DEINE NACHRICHT!

Trotz gründlicher Recherche schleichen sich manchmal Fehler ein. Wir hoffen, du hast Verständnis, dass der Verlag dafür keine Haftung übernehmen kann.

MARCO POLO Redaktion • MAIRDUMONT • Postfach 31 51
73751 Ostfildern • info@marcopolo.de

Impressum
Titelbild: Stavanger, Preikestolen, Lysefjord (Schapowalow: L. Vaccarella)
Fotos: Autorin J. Fellinger (151); DuMont Bildarchiv: U. Bernhart (45, 128/129), Modrow (85); huber-images: U. Bernhart (51), M. Borchi (9), S. Damm (6/7), S. Forster (109), Gräfenhain (100/101, 146/147), F. Lukasseck (110/111), L. Vaccarella (105); Laif: T. Babovic (67, 115), H. Bode (74), C. Boisvieux (127), M. Galli (14/15, 118/119, 124), G. Haenel (19, 70,97), I. C. Hendel (139), B. Jonkmanns (52), M. Kirchgessner (28), S. Multhaupt (30), F. Weiss (27); Laif/Aurora (20); Laif/hemis.fr: E. Berthier (136/137), P. Hauser (31); Look/age fotostock (63); mauritius images: U. Bernhart (8, 83), B. Römmelt (12/13), S. Schurr (148/149), J./D. Warburton-Lee/Pearson (78/79), A. Werth (64); mauritius images/age fotostock (106); mauritius images/Alamy (35, 55, 133), A. Armyagov (88/89), A. K. Beastall (24/25), I. Dagnall (22, 46), C. Fredriksson (87), T. Graham (Klappe hinten), T. Guardia Bencomo (92), Realimage (48), R. Richardson (57), A. Sommer (Klappe vorne aussen, Klappe vorne innen, 1), StockShot (98); mauritius images/ClickAlps: F. Vaninetti (116); mauritius images/imagebroker: M. Dietrich (77), Handl (26), T. Krämer (32/33), A. Schnurer (73); mauritius images/Masterfile RM: J. Schlenker (123); mauritius images/VIEW Pictures (2/3); mauritius images/Westend61: S. Deutsch (11), S. Schurr (38/39); mauritius images/y/Alamy: Parkerphotograph (94/95); shutterstock: giedre vaitekune (10), Smit (58/59)

19., aktualisierte Auflage 2023

Autoren: Julia Fellinger, Jens-Uwe Kumpch; Redaktion: Corinna Walkenhorst; Bildredaktion: Susanne Mack
Kartografie: © MAIRDUMONT, Ostfildern (S. 36–37, 130, 132, 135, Umschlag außen, Faltkarte);
© MAIRDUMONT, Ostfildern, unter Verwendung von Kartendaten von OpenStreetMap, Lizenz CC-BY-SA 2.0 (S. 40–41, 43, 60–61, 68, 80–81, 86, 90–91, 102–103, 112–113, 114, 120–121)
Als touristischer Verlag stellen wir bei den Karten nur den De-facto-Stand dar. Dieser kann von der völkerrechtlichen Lage abweichen und ist völlig wertungsfrei.
Gestaltung Cover, Umschlag und Faltkartencover: bilekjaeger_Kreativagentur mit Zukunftswerkstatt, Stuttgart;
Gestaltung Innenlayout: Langenstein Communication GmbH, Ludwigsburg
Spickzettel: in Zusammenarbeit mit PONS Langenscheidt GmbH, Stuttgart
Texte hintere Umschlagklappe: Lucia Rojas
Konzept Coverlines: Jutta Metzler, bessere-texte.de

MIX
Papier aus verantwortungsvollen Quellen
FSC® C124385
FSC www.fsc.org

Printed in China

MARCO POLO AUTORIN
JULIA FELLINGER
Von Natur aus ist Julia Fellinger ein eher ungeduldiger Mensch. Da kam ihr das Angeln am Sognefjord gerade recht: Schnur weit auswerfen, dann wieder aufrollen. Den ersten Pollack musste sie in einem Fachbuch nachschlagen, das war 1999. Heute kennt sich die Journalistin und Autorin mehrerer Norwegenbücher mit Fisch aus und lässt sich gern von der entspannten Art der Norweger einfangen.